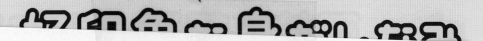

▼ ▼ ▼
試験場に持って行ける
チェック
BOOK

Your interview will go well !

氏名

面接官は「TPO（時間と場所と場合）」にあった服装であるかどうかを見ています。男女ともに中学校の制服を崩さずに正しく着用し，華美な服装にならないようにしましょう。制服がない場合は，シャツ，パンツやスカート，ジャケット，黒や紺や白のすねまである靴下，革靴などの制服に準じた，清潔感のある服装で面接に臨みましょう。また，室内履きが必要かどうかよく確認しておきましょう。

面接の種類と評価基準

〔個人面接〕

　1人の受験生に対して面接官が質問をします。事前に提出した志望理由書に基づいて質問をされることもあります。

〔グループ面接〕

　複数の受験生に対して同時に面接を行います。1人ずつ異なる質問をされることもあれば，同じ質問をされることもあります。

〔グループ討論〕

　複数の受験生がテーマにそって討論をします。試験官は受験生の発言内容や役割分担などを観察して評価します。

〔保護者面接〕

　受験生に同伴する形式と個別の形式があります。質問では，学校の教育方針への理解や受験生のふだんの様子などを確認します。

〔面接の評価基準例〕

① 挨拶・礼儀作法が身についているか。
② 身だしなみがきちんとしているか。
③ 敬語や言葉遣いは正しいか。
④ 規則正しい生活を送っているか。
⑤ 自主性・責任感・自制心などがあるか。
⑥ 他の人と協力することができるか。
⑦ 集団の中でまとめ役になれるか。

入学後に活躍してくれるだろうか？

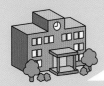

面接の流れと注意点

ここからは，一般的な面接の流れと注意点を見ていきます。控え室での過ごし方や入退室の様子，話し方・聞き方なども見られているので，事前に確認してから本番に臨みましょう。

―――― 控え室での過ごし方 ――――

控え室では，歩き回ったり，居眠りをしたりせず，静かに順番を待ちましょう。また，友だちや他の生徒とおしゃべりをして騒ぐ行為，携帯電話・スマートフォンを触る行為などは慎みましょう。

トイレに行きたい場合や体調が悪い場合は，勝手に自分の席を離れるのではなく，黙って手を挙げて，監督の先生や係の人に申し出るようにしましょう。

書類などを記入するよう指示された際は，ていねいな字で書くように心がけましょう。また，**面接時に資料（特技や活動歴など）として使われる場合**もあるので，書いた内容をきちんと覚えておくようにしましょう。

面接に向かう前に，髪型や服装が乱れていないか（ネクタイ・リボンはきちんと結べているか，上着のボタンはとまっているかなど），身だしなみをもう一度確認しましょう。

控え室で名前や受験番号を呼ばれたら、「はい」と明るく元気に返事をして面接室に移動します。カバンなどの荷物を持っていく場合もあるので、慌てず指示に従って行動するようにしましょう。

面接室のドアが閉まっている場合は、ノックをして、「どうぞ」などの返事を確認した後に「失礼します」と言ってから入室します。なお、**ドアが開いている場合は、入口でいったん立ち止まりましょう。**

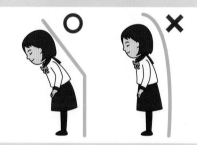

ドアを静かに閉めてから面接官に一礼をしましょう。その際、男子は腕を脇につけ、女子は手を前に添えて、背筋を伸ばして腰から前に倒すイメージでお辞儀をするように心がけましょう。

席の横まで進み、（受験番号と）名前を言って、面接官にもう一度お辞儀をします。着席を促されたら、「よろしくお願いします」などと言い、静かに着席しましょう。

椅子に深めに腰かけます。背もたれには寄りかからず、顎を引いて背筋を伸ばしましょう。また、手は膝のあたりに添えて男子は指先を丸め、女子は手のひらを少し重ねるようにしましょう。

基本の受け答え

質問にはまず「はい」と返事をし，「～です」「～ます」と語尾まではっきり言うように心がけましょう。また，緊張で声が小さくなったり，黙ったりしないようにしましょう。

視線は面接官の目元から喉元を見るようにしましょう。面接官が複数いる場合は，質問をした面接官に少し体を向けて答えるとよいでしょう。また，面接中はにこやかな表情を心がけましょう。

予想外の質問をされ，すぐに答えられないときは「少し考えさせてください」，聞き取りにくいときは「もう一度おっしゃってください」と言いましょう。あせって，適当な回答をしないようにしましょう。

わからない質問には「わかりません」，言い間違えたときは「間違えました，もう一度言い直させてください」と正直に答えましょう。困ったときでも落ち着いて対応し，前向きな姿勢を示すことが大切です。

他の人と答えが同じでもあせらずに，どうしてそう思うのかを自分の言葉で伝えましょう。また，**他の人の発言を聞く態度も見られています**ので，うなずくなどしながら集中して聞くようにしましょう。

グループ討論の注意点

グループ討論では，自分の意見を積極的に発言することと同様に，**協調性やコミュニケーション能力を見られています**。他の人の意見をきちんと聞き，異なる意見であっても非難しないようにしましょう。

自分の意見を発表するときは，結論だけでなく，具体例や体験を交えながら，なぜそう思うのかをわかりやすく伝えましょう。また，自分だけ長く話しすぎることで他の人の発言時間を奪わないようにしましょう。

進行役となった場合は，**グループ内の全員が均等に発言できるよう配慮しましょう**。その他に，書記やタイムキーパーなどの役割がある場合は，周囲の状況を見ながら自分の適性にあった役割をこなしましょう。

パーソナルプレゼンテーションの注意点

何度も練習して，スピーチ原稿をできるだけ見ずに，自分の言葉で話せるようにしておきましょう。なお，課題については事前に発表されている場合と，当日与えられる場合があるので確認しておきましょう。

特技や受賞歴だけでなく，選んだ動機や，それを通して学んだことなども伝えましょう。また，多くの場合，発表後に面接官から質問があります。発表後も最後まで気を抜かないようにしましょう。

口頭試問の注意点

質問内容は各教科の基礎学力レベルが中心ですが，**いざ口頭で質問されると答えられないこともあります**。社会の時事問題や，英語のリスニングなど教科別にしっかりと対策しておきましょう。

文章・表・グラフなどの資料から読み取れることや意見をきかれることもあります。また，想定外の質問をされる場合もあるので，あせらずに落ち着いて答えましょう。

退室の方法

ありがとうございました

面接官に面接の終了を告げられたら，「はい」と言って，静かに立ち上がります。席の横に立ち，面接官の顔を見ながら「ありがとうございました」と言い，その後にお辞儀をしましょう。

失礼します

出口のところまで歩いたら立ち止まり，もう一度面接官の方を向いて「失礼します」と言い，その後に一礼してから退室しましょう。

バタン!!

緊張した～

ふ～

退室をしたらドアを静かに閉めましょう（最初からドアが開いていた場合は閉める必要はありません）。**面接終了後も気を抜かず，大声を出したりダラダラ歩いたりしないように注意しましょう。**

保護者面接の注意点

志望理由や将来の進路希望などは，あらかじめ家庭内で十分に話し合って意見をまとめておきましょう。共通理解をもって臨むことで，**受験生と保護者の意見がくい違うことがないようにすること**が大切です。

受験生が主役であることを忘れずに，受験生への質問には保護者が答えないようにしましょう。また，保護者どうしはできるだけ均等に発言するように心がけましょう。

オンライン面接の注意点

対面形式の面接と同様に，制服（または清潔感のある服装）を着用し，髪型の乱れなどにも注意しましょう。また，できるだけ静かな部屋を選び，背後に物があまり映り込まないようにしましょう。

モニター（画面）との距離や高さの調節，ツールやアプリへのログインなど，**機器のセッティングは早めに終わらせ，落ち着いて待機する**ようにしましょう。

視線は画面に映った面接官よりも，カメラのレンズを見るように心がけましょう。また，もし途中で接続が切れてしまったら，落ち着いて受験校に連絡をしましょう。

目 次

練習用音声がHPで聞ける！

① 印象のよい話し方
② 一般的な面接の流れ
③ 本番を想定した練習

質問回答例ベスト150

1 志望理由と進路①

質問の意図＆トータル・アドバイス

　校風や学校生活などをきちんと調べたうえで志望しているのか，学校のどこに魅力を感じているのか，**入学したいという強い意志があるのか**が問われます。特に専門学科を受験する場合は，学習内容への理解度や関心の有無も重視されるので注意しましょう。また進路については，高校での学習内容とも関連するので，**将来どんな方面に進みたいのか**を具体的に考えておくようにしましょう。

1 本校を志望した理由を教えてください。

秋の文化祭を見学したとき，吹奏楽部の演奏に感動して入学したいと思いました。また英語力を伸ばしたいので，豊富な英語の授業と語学研修にもひかれました。

ポイント 文化祭や学校説明会に参加したときの印象を伝えるとよいでしょう。

OK 希望の進学先がある場合は，自分が行きたい大学や分野・学部への進学率が高いことなどをつけ加えてもよいでしょう。

2 本校をどのようにして知りましたか。

私の兄の友人が通っていて，学校の様子を聞いたのがきっかけです。その後，学校案内などで調べました。

OK 担任の先生などにすすめられた場合は，そう答えてもかまいません。

NG 極端に受け身な姿勢は出さないようにしましょう。

3 本校に来たことはありますか。そのとき，どのような印象を持ちましたか。

 はい。11月の説明会に参加しました。清潔感のある校舎と，親切に案内してくださる先生や先輩方に感動して，私もこの学校で学びたいと強く思いました。

ポイント 施設だけでなく，先生や在校生の印象も伝えられるとよいでしょう。

4 志望校を決めるとき，誰とどのような相談をしましたか。

 両親や担任の先生と相談し，サッカーを続けながら勉強もがんばって大学をめざしたいという話をしました。

ポイント 「保護者の理解」と「学校選びの基準」を意識して話しましょう。

5 本校のよいところはどこだと思いますか。

 自習室などで一人ひとりが自主的に勉強する雰囲気や，先生に質問しやすい環境がとてもよいと思います。

OK 学校行事，カリキュラム，講習制度，サポート体制などもOKです。

6 本校の校訓を知っていますか。

 はい。「自律・勤勉・誠実」です。

NG 学校の理念や校訓を調べずに面接を受けることはNGです。

2 志望理由と進路②

7 国際コースを志望したのはなぜですか。

将来は英語を使った仕事につきたいと考えているので，英語力を伸ばしながら異文化への理解を深めて，国際的に活躍できる人間になりたいと思い志望しました。

ポイント 専門学科やコースで学ぶことで，何をしたいのかを考えておきましょう。

8 本校の英語コースのどのような点に魅力を感じましたか。

習熟度別の英語授業と，ネイティブの先生によるチームティーチングにひかれました。また，国際交流プログラムやスピーチコンテストにも興味があります。

ポイント 学校のパンフレットやホームページだけではなく，説明会などにも参加して，できるだけ多くの情報を集めておきましょう。

9 英語コースで学ぶことを，将来どう生かそうと思っていますか。

さまざまなバックグラウンドを持つ人たちとコミュニケーションをとって視野を広げ，将来は自分にできる国際貢献をしていきたいと考えています。

OK 将来の夢や職業などがある場合は，そのことにもふれましょう。

10 共学ではなく，男子校(女子校)である本校を選んだのはなぜですか。

文化祭を見学したときに，男子(女子)だけで生き生きとしている様子や盛りあがりに感動して，自分もこの学校で学生生活を送りたいと思ったからです。

OK 「家族や知り合いが通っていて，充実した学校生活を送れると聞き，興味を持ちました」「先輩後輩の垣根をこえて，自由に交流している姿にひかれました」「特に意識せず，○○コースで勉強したかったので志望しました」などもOKです。

11 本校は中高一貫校ですが，心配なことはありますか。

授業の進度についていけるか心配もありますが，予習復習をしっかりして，がんばりたいと思います。また，たくさんの友人をつくって早く学校になじみたいです。

ポイント 授業進度やクラス編成(高入生はいつから一貫生と合流するか)などはあらかじめ確認しておきましょう。

12 本校に入学したら勉強以外にがんばりたいことはありますか。

柔道部に入り，黒帯の取得をめざしたいです。また，この学校の体育祭が大好きなので，実行委員になって最高の体育祭にしたいと思っています。

ポイント 自分がどんなことに興味を持っているのかを伝えましょう。

OK 日常生活での目標やボランティア活動などを答えてもかまいません。

13 高校卒業後の進路についてどのように考えていますか。

 四年制大学へ進学したいと考えています。プログラミングでロボットを動かすことに興味があるので，ロボット技術が学べる学科をめざしています。

ポイント まず，就職したいのか進学したいのかをはっきりさせましょう。進学を希望する場合（専門学校や短期大学，四年制大学など）は，そこで何を勉強したいのか，どのような学部・学科に行きたいのかも説明できるとよいでしょう。

14 本校からは系列の大学に優先入学できますが，進学の希望がありますか。

 はい。○○大学に進めることも，この学校を志望した大きな理由のひとつです。

ポイント 理由をきかれることもあるので準備しておきましょう。その際，系列大学に進学する人と他大学に進学する人のどちらが多いのかなど，受験する学校の進学実績や進路指導について調べておくとよいでしょう。

15 将来は文系と理系のどちらに進みたいですか。

 歴史小説を読むことが好きなので，歴史を学べる文系学部に進みたいです。

ポイント 将来やりたい仕事や興味のあることをもとにして答えましょう。

16

保護者の方と，あなたの卒業後の進路について話すことはありますか。

 はい。四年制大学に進学したいと私が話したとき，母は，「あなたがやりたいことを応援するよ」と言ってくれました。

ポイント 家族とコミュニケーションがとれているか，進路について理解があるのかを確認する質問です。一方的に家族から言われた内容だけではなく，本人も交えて話をしている様子が伝わると印象がよいです。

17

将来はどのような仕事をしたいですか。

① 得意な英語を生かせる旅行関係の仕事です。
② 幼稚園の先生のような子どもと関わる仕事に興味があります。

ポイント 内容は一人ひとり違うので，自分の希望を正直に答えてOKです。その仕事を選んだ理由をきかれることもあります。具体的な職業名が浮かばなくても，好きなことなどをもとに興味のある仕事の内容を答えましょう。

18

将来のために努力していることはありますか。

 プロのテニス選手になるために，練習はもちろんのこと，しっかりとした体づくりができるよう，栄養の勉強をし，ふだんの食事に気をつけるようにしています。

OK ボランティア活動や習慣的にしている学習について話してもよいです。

NG 「何もしていない」とだけ答えるのは好ましくありません。小さなことでも今行っていることをあげ，高校でさらに努力したいことを伝えるとよいでしょう。

中学校生活①

質問の意図＆トータル・アドバイス

　中学校での3年間，あなたがどのような学校生活を送ったのかがきかれます。**授業・委員会・部活動などいろいろな行事・出来事**を一つひとつ思い返してみましょう。また，関連して中学校の様子・雰囲気や先生のことについてきかれる場合もあります。これらの質問は，面接官の先生にマイナスな印象を持たれないよう，なるべく**よい面を挙げて答える**ようにしましょう。

19 中学校生活で印象に残った出来事は何ですか。

 3年生のときに京都へ修学旅行に行ったことです。清水寺や二条城など，教科書で見た建物を実際に目の前にして感動し，歴史への関心が深まりました。

ポイント 印象に残った理由や感想を加えるようにしましょう。

OK 達成感を得たことや，友だちとの仲が深まったエピソードなどもOKです。

NG「夜中まで友だちと部屋で遊んだ」など規則違反をよい思い出とするのはNG。

20 担任の先生はどんな方ですか。

 私たち生徒のことを親身になって考えてくださる先生です。クラスで問題が起きたときには，忙しくても相談に乗ってくださり，適切な助言をくださいました。

OK 先生の人間性やよい部分が伝わるようにしましょう。

NG 聞いていてよい印象が残らないような悪口めいた内容は避けましょう。

21 中学校で印象に残っている先生はいますか。

 はい，国語の先生です。私はそれまで最近の小説を多く読んでいましたが，先生にすすめられた本をきっかけに，近代文学にも興味を持つようになりました。

22 中学校生活で直面した困難と，それをどう乗り越えたかを教えてください。

 合唱祭の放課後練習の際に，部活動のある人が参加できなかったので，クラスで話し合い，朝練習を実施して，クラス全員が練習に参加できるようにしました。

OK 行事のほか，部活動や友だちとの関係での困難についてあげるのもOKです。

23 中学校生活で悔いの残ったことはありますか。

 英語検定準2級に合格できなかったことです。高校でも学習を続け，合格後さらに上の級に挑戦したいです。

OK 高校では後悔しないようにどう心がけるかまで説明できるとよいでしょう。

24 あなたの中学校はどんな学校ですか。

 あまり大きな学校ではないので，学年に関係なく仲が良く，和気あいあいとした雰囲気の学校です。

OK 伝統行事や学校として取り組んでいることなどについてふれてもOKです。

5 中学校生活②

---

25 中学校で参加していた部活動があれば、その活動内容を教えてください。

バスケットボール部に入っていました。部員は60人くらいいて、毎週土曜日にも練習があり、とても大変でしたが、今年は県大会に出場することができました。

ポイント 部活動の名前、活動形態、感想や成果を具体的に答えましょう。

---

26 その部活動で得たものは何だと思いますか。

みんなで一つの目標に向かって努力することのすばらしさを知ったことです。県大会への進出が決まったときの感動は、今も忘れられません。

ポイント 感動した場面、とてもうれしかった場面を思い出してみましょう。

OK 他に、一つのことをやりとげる充実感が得られたこと、苦しくても我慢する忍耐力が身についたこと、親友ができたことなどをあげてもOKです。

---

27 その部に入部を決めた理由は何ですか。

友だちに誘われてバスケットボール部を見学したとき、初心者から始めたと言っていた先輩が格好よくプレーしている姿に憧れ、入部を決めました。

ポイント 「楽そうだから」というのは印象がよくありません。自分のペースで取り組める、勉強との両立ができるなど、前向きな理由に言い換えましょう。

---

28 部活動と勉強の両立はできましたか。

 平日の夜は疲れて寝てしまうことが多いので，朝や夕食前などの隙間時間や，部活動のない週末に集中して勉強することで両立していました。

NG 「勉強がおろそかになってしまった」とだけ答えるのはNG。授業中や授業後に積極的に質問をした，テスト前や大会後のオフシーズンに人一倍復習に取り組んだなど，少しでも勉強のために努力したことがないか考えてみましょう。

29 部活動でつらかったことはありますか。

 はい，あります。周りの友だちはどんどん上達していくのに対して，自分だけなかなか上手にならなかったことです。

ポイント つらい体験・時期をどのように乗り越えたかをあわせてきかれる場合もあります。それによって自分がどう成長したのか，何を学んだのかなどにつながるような体験を挙げると，後の質問に答えやすくなります。

30 高校でも，中学校と同じ部活動を続けたいですか。

 この学校には，バスケットボールと同じくらい興味を持っているラグビー部があるので，もし入学したらラグビー部へ入部することも考えています。

ポイント 「続けない」と答える場合，理由を明確にしましょう。その際，「つらかったから」「向いていないから」というのは印象がよくありません。「勉強に力を入れたい」「新しいことを始めたい」など前向きな理由を考えてみましょう。

6 中学校生活③

---

31 今年の体育祭はどのような様子でしたか。

 クラス対抗で行われ，最後まで接戦で白熱しました。私の中学校の名物である3学年男女混合のスウェーデンリレーは，今年も一番の盛りあがりとなりました。

NG 学校行事に関心がないと思われるような，あいまいな回答はNGです。

---

32 学校行事などでどのような役割を経験しましたか。

 文化祭のクラス演劇では，大道具係を担当しました。時間をかけて制作した背景の絵を，演劇の後に多くの人がほめてくれて，とてもうれしかったです。

ポイント 放送委員として体育祭で放送係を務めた，修学旅行の班長として班行動の計画を取りまとめたなど，学校行事にどのように参加したかを具体的に答えましょう。成果や感想までふれると，しっかりと参加したことが伝わります。

---

33 生徒会活動には積極的に参加しましたか。

 役員になったことはありませんでしたが，生徒会が企画する有志の清掃活動には，毎回参加していました。

ポイント 役員でなくても，生徒会主導の活動や委員会活動などに参加する機会はあります。その際に，どのような姿勢で参加したかを答えましょう。

34 生徒会活動や委員会活動，係活動を通して学んだことはありますか。

 図書委員として，図書室の利用者を増やすための，イベントの実施や特集コーナーを新設する活動を通じて，自分たちで企画・運営を行う経験ができました。

OK「保健委員として，トイレや水飲み場の消耗品の補充を行いました。みんなが困ってしまわないようにという思いで取り組み，責任を持って仕事をする大切さを学びました」というように，責任感などについて話してもOK。

35 ボランティア活動をしたことがありますか。

 はい。将来は保育士になるのが夢なので，地域の保育園で，保育士の方のサポートをしながら園児たちと交流するボランティアに毎年参加しています。

OK 部活動として地域清掃や演奏会などに参加したことを挙げるのもOKです。

NG「何もしていない」のは印象がよくありません。学校の行事として地域のごみ拾いや福祉施設への訪問，募金活動などをしていないか思い出してみましょう。

36 ボランティア活動を通して得たものはありますか。

 ふだんあまり関わらない年代の方と一緒に活動をすることで，学校の友だちや先生との間とは違うコミュニケーションのとり方について学べました。

OK「イベントを裏で支える仕事の大切さがわかった」「保育士は思っていたよりも大変な仕事だということがわかった」というような，その活動を通して新たに気づいたことについてあげてもよいでしょう。

7 趣味・特技・性格①

質問の意図＆トータル・アドバイス

　どういったことに興味を抱き，力を入れてきたのか，あるいは長所・短所を知ることで，面接官は**勉強面以外からうかがえる受験生の人となり・価値観や，入学後の学校生活においていかに積極的かつ幅広く活動してもらえるかどうか**を見ています。毎日欠かさずしている好きなことがある人や，習い事などをしている人は答えやすいですが，長所や短所など，いざ自分自身のことを他者に話すとなると難しいものです。ふだんから自分を見つめ直す時間をとり，思いを明確に伝えられるようにしておきましょう。

37 あなたの趣味と特技は何ですか。

　趣味は美術館めぐりで，特技は水泳です。前者は感性を養うことに，後者は心身を鍛えることにつながり，自分を成長させてくれています。

OK 「ゲーム」やよくある「読書」なども，理由が明確ならば問題ありません。

NG 趣味や特技を単に並べ立てるだけで終わることのないようにしましょう。

38 今後，自分の趣味や特技をどのように生かしていこうと考えていますか。

　趣味の読書から，自分でも小説を書くようになりました。文芸部が有名なこの学校で力をみがき，小説家になる夢につなげたいと考えています。

ポイント 学校の特色とからめて伝えると，志望理由としても説得力があります。

39 体育や部活動以外に運動をしていますか。

 弓道と少林寺拳法をやっています。心身の鍛錬が勉強などに対する根気強さにもつながると思っています。

OK 将来の自分につなげる話をしてもよいですし，なければ素直に答えましょう。

40 最近読んだ本の感想を教えてください。

 夏目漱石の弟子である内田百閒の『百鬼園随筆』を読みました。ユーモアに富んだ著者の文章に引きこまれるとともに，人間そのものの味わい深さも感じました。

NG 具体的な話をしすぎると冗長になるので，簡潔にまとめましょう。

41 何か習い事をしたことはありますか。

 幼いころからピアノを習っています。弾ける曲が増えると楽しく，今では一番の趣味となっています。

ポイント ある場合はそこから得たことも伝え，なければ正直に答えましょう。

42 ふだんどんなニュースに関心を持ちますか。

 貧困問題に関する報道には強い関心があります。あるボランティアに参加した際，当事者のつらい現状を目の当たりにし，助けになりたいと思ったからです。

ポイント ニュースの「内容」より「なぜ関心を持ったか」などを重視しましょう。

8 趣味・特技・性格②

43 あなたの長所は何ですか。

自分の信念はしっかり持ちつつ，みんなと良好な関係を築けるところです。みんなの協力があってこそ，あらゆる物事はうまくいくものと考えています。

OK 長所にまつわる具体的なエピソードを話してもよいでしょう。

NG 短所に聞こえてしまわないように，言い回しには気をつけましょう。

44 あなたの短所は何ですか。そのこととどのように向き合ってきましたか。

他人と比べて落ちこんでしまうところです。そんなとき，私はいつも他人の何倍も努力することにしています。逆境を力に変えて，乗り越えてきました。

ポイント 短所が長所になるようなアピールができるととてもよいでしょう。

45 尊敬している人はいますか。

両親や祖父母です。いつも前向きで，私が落ちこんでいるときも優しくはげましてくれます。私もそんな人になりたいと思っています。

ポイント 「誰」ではなく，「なぜ」尊敬しているかを重視しましょう。

OK 自分と直接関わりのない，歴史上の人物などでもかまいません。

NG 人となりを知る質問なので，「いません」や，ただの羅列は避けましょう。

46 好きな言葉はありますか。

 「流れる水は腐らず」です。勉強や部活動で甘えが出そうなとき，自分にこの言葉を言い聞かせて，新しいことにも積極的にチャレンジするようにしています。

OK 今の自分をつくりあげているからという視点で取りあげるのもよいでしょう。

ポイント 「好きな言葉」が自分自身とどう関連しているかを意識しましょう。

47 今まで出かけた場所で，一番印象に残っているところはどこですか。

 沖縄です。あの青い空ときれいな海には感動しました。同時に，環境問題にも興味がわきました。そうした意識を持てた点でも，沖縄は印象に残っています。

ポイント 「どこ」かとともに，「なぜ」かもあわせて伝えましょう。

OK 具体的な事例もあわせて伝えられると，より説得力が増すでしょう。

NG 悪い印象を並べ立て，悪態をつくだけに終始することは避けましょう。

48 家では，テレビ番組や動画などをよく見ますか。

 勉強の合間によくインターネットで動画を見ます。さまざまな動画を見る中で企画力・構成力を学ぶことができ，自分にとっていい刺激になっています。

ポイント 人となり・価値観を知る質問です。「理由」などもふくめ答えましょう。

OK アニメやお笑い番組などを答えても全く問題はありません。また，特に見る習慣がない場合はそう答えてもかまいません。

趣味・特技・性格③

49 自己PRをしてください。

「楽をしない」という意識を持ち，行動に移すようにしています。中学校では，文化祭の実行委員長に立候補する人がいなかったため，思い切って挑戦しました。

ポイント 自分の信念を簡潔に述べたうえで，その具体例を話すとよいでしょう。

50 今後，自分が成長するために必要なことは何だと思いますか。

他の人の意見に耳を傾けることです。物事をうまく進めるには他の人の考えを取り入れることが重要ですし，自分の能力も高めることができると思うからです。

ポイント 自分に足りないものは何かを見つめ，成長に必要なものを考えましょう。

NG 向上心のない人間だと思われないよう，「ありません」は避けましょう。

51 自分はどのような性格だと思いますか。

広い視野で周囲を見たり，気を配ったりすることができる性格だと思います。人の目を気にしすぎることもありますが，自分の個性のひとつととらえています。

ポイント 物事にはよい面と悪い面がありますが，前向きにとらえましょう。

OK 動物などにたとえてもよいですが，そのときは理由を明確に伝えましょう。

52 友だちや家族からはどんな性格だと言われますか。

 温厚で気遣いができ，優しい性格だけれど頼りなさも感じると言われます。温和なだけではよくないと思うので，リーダーシップをとれるようにもなりたいです。

ポイント 自分と他者からの評価に極端な差が生まれないように気をつけましょう。

OK 性格を話し，高校生活での目標などとからめて答えるのもよいでしょう。

NG よくない印象を与えがちな性格ばかり伝えるのは避けた方が無難です。

53 気持ちが落ち込んだときはどうしていますか。

 いったんその原因から離れ，映画鑑賞をしたり水泳をしたりして，リフレッシュしています。気持ちの切りかえは大切なので，趣味を持つようにしています。

ポイント ストレスなどを感じる場面で，自分の気持ちをどのようにコントロールしているかが問われています。できるだけ具体的に答えましょう。

OK ストレスの解消方法になっているのならば趣味に限らず何でもかまいません。

54 学校行事などで予定外のトラブルが生じた経験はありますか。

 文化祭の準備のとき，企画に必要な材料がそろわない事態が起きました。その際，似たものを各自の家から持ってきてもらうよう声をかけ，乗り切りました。

ポイント 臨機応変に対応できる力が問われています。具体的に答えましょう。

OK ない場合は，今後あったときにはどう乗り切るかを答えてもよいでしょう。

55 リーダーになった経験はありますか。

 学級委員や生徒会役員などを3年間務めてきました。人にはいろいろな考えがあり，まとめるのは大変でしたが，うまく調整する能力が身についたと思います。

ポイント 周囲を引っ張っていけるかが問われています。前向きに答えましょう。

NG 経験もないし，これからもなる気はない，という後ろ向きな答えはNG。

56 リーダーに求められるものは何だと思いますか。

 周囲への気配りと判断力，そして人望だと思います。リーダーは常に自分のためではなく人のためにつくすという意識で行動することが重要だと考えています。

ポイント リーダーの資質が問われます。理想とするリーダー像を伝えましょう。

OK 必要なもののほかに，現状の自分に足りないものや目標を話してもOK。

57 ホームルームや話し合いの場でよく発言する方ですか。

 ひんぱんに発言する方ではありませんが，みんなの考えがまとまらないときには，積極的に自分の意見とその理由を話すよう心がけています。

ポイント 人柄や，向いている役割・適性を見られています。素直に答えましょう。

58 話し合いで意見がまとまらないときはどうしますか。

 いろいろとあげてもらった意見からできるだけ共通している点を見つけ出し，別の機会にまた話し合いの場を設け，あらためてみんなに提案をしたいと思います。

ポイント 混乱した場面での対処法が問われます。順序よく解決策を示しましょう。

OK 重要度の高い意見を選び，それを軸に進める，などの回答でもよいでしょう。

NG どの意見も生かす，など実現が難しい回答は，かえって印象を悪くします。

59 校舎を清潔に保つためには，どのようなことが大切だと思いますか。

 汚れた後にどうやってきれいにするかではなく，生徒一人ひとりが，校舎を清潔に保とうという意識を持つことが何よりも重要だと思います。

ポイント 物事への向き合い方・考え方が問われます。自分の意識を答えましょう。

OK 「グラウンドから戻る際は砂を落とすなど，みんなでルールを決めてそれを守ることが大切だと思います」などの回答も考えられます。

60 学校行事に協力的でない人がいたらどうしますか。

 無理やり協力するよう求めるのではなく，なぜ協力的でないのかを聞こうと思います。みんなが前向きに取り組めるよう，粘り強く対話をします。

ポイント ふだん，どのように人と接しているかが問われています。誠実さを伝えましょう。

質問の意図＆トータル・アドバイス

　得意な科目・不得意な科目とその理由，不得意科目の克服法，ふだんの勉強方法などの質問によって，**学習の状況や様子が問われます**。同時に，**高校での勉強に対する適性や意欲も見られる**ので注意しましょう。面接官の先生は事前に調査書に目を通していることが多いので，調査書の内容との関連もチェックしておきましょう。

61　あなたの得意な科目と分野を教えてください。

　得意な科目は社会です。地図や，鉄道の時刻表を見るのが大好きで，特に地理が得意です。高校では他の科目もがんばっていきたいと思います。

OK　「国語が得意です。限られた字数でさまざまなことを表現する俳句や短歌に面白さを感じ，得意になりました」などもOKです。

ポイント　中学校での成績もふまえて答えるとよいでしょう。また，教科に関連した質問をされることもあるので，具体的な分野についても確認しておきましょう。

62　英語が好きになったきっかけは何ですか。

　日本語字幕つきの映画を見ていて，学校で習った英語のフレーズが使われているのに気づいたことがきっかけで，英語を勉強するのが楽しくなりました。

OK　「海外留学をしている姉の話を聞いて，外国に関心を持ったことがきっかけです」といった回答でもよいでしょう。

63 不得意科目とその理由を教えてください。

 理科が苦手です。力のつり合いが難しくて，苦手意識を持ってしまいました。わからなくなったところから復習を始めたいと思います。

ポイント 不得意科目は誰にでもあるものなので正直に答えてかまいません。しかし，その原因を分析して，苦手を克服しようとする姿勢を見せることが大切です。

64 不得意科目とはどう向き合ってきましたか。

 数学が苦手だったので，計算練習を繰り返し，図形問題では解法の手順とパターンを覚えました。

ポイント 苦手克服のために行った具体的な学習方法にふれるとよいでしょう。

65 毎日，家ではどのくらい勉強していますか。

 平日は夕食後に2時間くらい勉強します。登校前にも30分勉強するので，合計で2時間半ほどです。

66 勉強をしていて，わからないことがあったらどうしますか。

 自分で調べてわからないときは，先生に質問するか，仲のよい友だちにきくようにしています。

ポイント わからないことをそのままにしないようにする姿勢を示しましょう。

12 学習と入学試験②

67 学校の宿題はきちんとしていますか。

はい。夕食後に必ず宿題をするよう習慣づけています。その際に，学校で習ったことの復習と翌日の予習も行うよう心がけています。

ポイント ふだんの学習習慣について問われています。日ごろからどのような工夫をしているかを具体的に話せるように準備しておきましょう。

NG 「なんとなくいつも忘れてしまう」といった答えは避けましょう。

68 受験勉強はいつから始めましたか。

中学2年生から受験を意識し始め，3年生から塾に通い始めました。

OK 「中学3年生の夏に本格的に始めました。それまでは部活動に一生懸命取り組みました」などもOKです。

69 本校の過去問題を解いてみましたか。

はい。10月ごろから解き始めました。難しい問題も多かったですが，弱点に気づくことができました。入試前には入試と同じように時間を計ってやりました。

ポイント 志望度をはかる指標のひとつとして質問されています。何がどのように問われているか，課題文にはどのような文章が使われているか，学校への理解をより深めるためにも過去問題を解いてみましょう。

70 面接の練習はしましたか。

 はい。面接対策の本を購入し，先生や家族に面接官役になってもらい，自分の考えを伝えられるように練習しました。

OK 中学校や塾で練習した人はそのときに教わったことを答えてもよいでしょう。また，事前にワークシートを使って面接で答える内容をまとめていれば，そのことについてふれるのもＯＫです。

71 塾には通っていますか。

 はい。週３回通って，基本的な力を身につけるために，英語では文法の学び直し，数学では基礎問題の解き直しから取り組みました。

OK 「いいえ，通っていません。塾の代わりに自宅で毎日２時間，その日の授業の復習や翌日の授業の予習，基礎問題集を解くなどの勉強をしています」もＯＫ。

72 塾の勉強と学校の勉強をどのように両立しましたか。

 何にどれくらい取り組むのか，時間を決め，メリハリをつけて勉強しました。睡眠時間も確保することで，集中力を保ち，効率よく勉強するように心がけました。

NG 「両立できませんでした」とだけ答えるのはＮＧです。両立が難しいことは面接官の先生も知っているので，両立できなかった理由や，どうすれば両立することができたと考えているのかなどもあわせて答えるようにしましょう。

学習と入学試験③

73 本校を受験するためにどのような準備をしてきましたか。

 週3日塾に通って，英語と数学の入試対策をしました。自分でも，苦手な英文法の復習に力を入れて，秋からは過去問題集をやりました。

ポイント 受験に向けて取り組んできたことを具体的にまとめましょう。

74 学科試験の出来はどうでしたか。

 英語はよくできたと思いますが，他の科目はあまり自信がありません。特に数学は，3番のところで悩んでしまい，時間が足りなくなってしまいました。

ポイント あらかじめ準備しておくことはできないので，思ったことを正直に答えればよいでしょう。もし出来が悪かったとしても，すでに学科試験は終わっているので気を落としすぎず，自分の状況を客観的にとらえるようにしてみましょう。

75 これまでの傾向と違ってとまどった問題はありましたか。

 過去5年分の問題を繰り返し解いてきましたが，今日の問題は全体的にやや難しく感じました。しかし，重点的に勉強した英語は比較的よくできたと思います。

NG 一言で「全部難しかったです」などは投げやりな印象を与えるのでNG。

76 作文はうまく書けましたか。

 思ったよりはスムーズに書けました。「信頼」という テーマだったので，友だちとのことを頭に浮かべて書 きました。

ポイント 作文を書いたときに感じたことの他に，作文を書くうえで工夫したこと などをつけ加えるとよいでしょう。

NG 後ろ向きに「途中で諦めました」などと答えるのはNG。

77 実技検査はどうでしたか。

 周りが得意な人たちばかりで，ふだんよりも緊張しま した。しかし，自分の力が出せたので，よかったと思 います。

ポイント 実技検査では緊張していつもの調子が出ず，うまくいかないこともある でしょう。そういった場合でも，どのような工夫をして緊張を乗り越えようとした のかなど，前向きに取り組んだ姿勢を示すことが大切です。

78 受験勉強を通して，どのようなとこ ろが成長できたと思いますか。

 自分で計画を立てて受験勉強をする中で，目標に向 かって一つひとつ課題を克服していくことの大切さを 学んだのが大きな成長だと思います。

OK 「英語の勉強をする中で外国文化への関心が高まり，休憩時間に英語の記事 を読んだり，英語のラジオを聴いたりするようになりました」など具体的なことや， 「受験勉強を通して自分から学びを深める習慣が身につきました」などもOK。

14 併願校

質問の意図＆トータル・アドバイス

　この質問では**受験する試験の種類によって質問の意図が異なります**。推薦入試・私立単願入試などでは「合格＝入学」ということが原則なので，入学の意志を再確認することが目的となります。一方，公立と私立，私立どうしを併願している場合は，その学校に入学する可能性がどのくらいあるのかを把握することに目的があります。そのため，**自分の受験パターンに応じた適切な返答**が求められています。

---

79 本校以外に受験した学校がありますか。

 はい。A高校とB高校も受験していますが，この学校が第一志望です。名門であるこの学校の合唱部に入部したいので，この学校に一番入りたいです。

ポイント 受験状況については正直に答えてかまいません。

---

80 本校とA高校の両方に合格した場合は，どちらに行きますか。

 この学校が第一志望なので，併願校は辞退して，この学校に入学したいです。

OK 第一志望が他校の場合「他校が第一志望ですが，両方合格したらもう一度家族と相談し，高校卒業後の進路も見すえて判断したいと思います」などもOK。

NG 「この学校はすべり止めなので入りません」などはNG。

81 本校が不合格になった場合はどうしますか。

 もし不合格になったら残念ですが，受験した経験を生かして受かった学校で目標に向けて精一杯努力します。

ポイント 不本意な結果でも前向きに受け止める姿勢を示せるとよいでしょう。

82 第二志望の学校はどのようにして決めましたか。

 外国語を専門的に学ぶことができる大学への進学を考えているため，この学校と同じように英語に関するコースがあり，留学制度が整っている学校を選びました。

NG 「偏差値で選びました」など学校選びに消極的ととれるようなものはNG。

83 併願校選びで苦労した点はありますか。

 はい。高校では留学をしたいので，留学制度の内容を基準に併願校の候補を考えましたが，学校によって校風が異なり，選ぶのに苦労しました。

ポイント 併願校選びの話題は高校生活にどのような期待を抱いているのかを話すチャンスです。どのような基準で選んだのかを明確に示せるように準備しましょう。

84 併願校が3つもありますが，どうしてですか。

 当日の試験で合否が決まることが，不安だったからです。最終的には先生と相談して併願校を決めました。

15

面接トレーニング　質問回答例ベスト150

通学経路・時間

質問の意図＆トータル・アドバイス

　　毎日，無理なく通学できるかどうかが問われます。今までは学校まで家から歩いて通えた人でも，高校生になると学校までの距離や時間が増える人も多いはずです。本当に毎日，自分が遅刻することなく通えるのかどうか，**利用する交通機関・かかる時間は必ず調べておきましょう**。入試前に，試験当日と同じ時間帯に学校へ行っておくことができればなおよいです。

85 今日はどのようにして本校に来ましたか。

 自宅の最寄りのＡ駅から，山手線で新宿駅まで出て，中央線に乗り換えてＢ駅まで行き，そこからこちらまで歩いて来ました。

ポイント 使う路線，駅やバス停の名前，所要時間を覚えておくとよいでしょう。

NG 「電車で来ました」などの短すぎる回答や，逆に道順まで長々と答えるのはＮＧです。

86 公共交通機関を利用する際に，気をつけていることはありますか。

 ふだんはリュックを使うことが多いので，電車に乗るときには前に抱えるようにしています。

ポイント 周囲の人に気を配っているかを見る質問です。制服を着て電車やバスで通学するということは，他の乗客の学校に対するイメージに影響を与えるのだ，という観点で考えるとよいでしょう。

87 本校まで遠いですが，毎朝通えそうですか。

 はい。早起きに自信があるとは言えませんが，自分で決めたことなのでがんばりたいと思います。

ポイント 夜ふかししないなどの具体策も答えられると，なおよいでしょう。

88 今朝の通勤ラッシュはどうでしたか。

 電車が満員で驚きました。乗車位置を考えたり，早めに出たりしなければいけないと思いました。

NG 「耐えられませんでした」などの極端にネガティブな回答はNGです。

89 あなたの家の周りで好きな場所はありますか。

 近所の公園が好きです。運動ができることや，イチョウのある通りが黄色く染まるのも好きな理由です。

ポイント 自分の好きなポイントを具体的に面接官に伝えられるか，が大切です。

90 遅刻・欠席が多いようですが，入学後は減らすことができそうですか。

 つい夜型の生活になることが多かったのですが，規則正しい生活にし，遅刻をゼロにするのが目標です。

ポイント 生活習慣からくる遅刻・欠席の場合は，改善の意志を示すことが大切です。病気による通院などの，体調面での理由がある場合は，正直に伝えましょう。

16 友人関係

質問の意図＆トータル・アドバイス

友だちとの付き合い方についての質問によって，**同世代の人々との人間関係のつくり方・営み方，本人の考え方や誠実さなどが問われます**。友だちが多いからよい，少ないから悪い，ということではなく，あなたの友だちはどんな人で，その友だちとどのような関係を築いているのか，ということを考えてみましょう。

---

91 あなたには親友と呼べる人がいますか。

 中学校からの特に親しい友だちが３人います。部活動がきっかけで仲良くなり，勉強や将来のこともよく相談しています。

OK 今現在いなくても，高校ではつくりたいという意志を見せるとよいでしょう。

NG 「友だちはつくりませんでした」などの集団生活を否定する回答はNGです。

---

92 友だち付き合いの中で気をつけていることはありますか。

 友だちを裏切るようなことは絶対にしてはいけないと思います。あとは，自己中心的にならないで，相手の身になって考えることが大切だと思っています。

ポイント 自分から見て，ずっと付き合っていきたい友だちとはどういう人なのかがはっきりすれば，それが答えになるでしょう。

93 友だちとけんかをすることがありますか。

 たまにけんかをしてしまうこともありますが，たいていはすぐに仲直りをします。

ポイント けんかをすることがある人は，その後に友だちとの関係がどうなるのかというところまで加えるとよいでしょう。

94 友だちとはどんな話をしますか。

 一番多いのは学校の話です。今日の出来事や授業のこと，先生のこと，他の友だちのことなどです。

OK 遊びの話や学校外の話など，あまり気取らずに素直に話せばよいでしょう。

NG 素直といっても，悪口・陰口などはもちろんNGです。

95 悩み事があるとき，相談できる人はいますか。

 たいていは友だちに相談しますが，進路などについては家族や学校の先生にも相談しています。

ポイント 自分が悩みや不安をどのように解消しているのかを考えてみましょう。

96 友だちが悩んでいたらどうしますか。

 一人で悩みすぎないように相談に乗ります。また，自分にできることがあれば，積極的に手伝います。

OK 解決に向けて行動する以外にも，気晴らしに付き合う，などの回答もOKでしょう。

17 家庭生活①

質問の意図＆トータル・アドバイス

　　家族の様子や毎日の暮らしぶり，家での過ごし方などが問われます。家庭の教育方針や決まり事，家族の中で自分が果たしている役割，家族間でよく上る話題，日ごろ心がけていることなどについて，思い返しておきましょう。また，日常生活に関する質問は比較的答えやすいかと思います。リラックスして，あまり気取らずに，**ふだんのあなたの姿を伝えられるように**しましょう。

97 家事の手伝いはしていますか。

はい。ときどきですが，食事の後片づけや居間の掃除をします。その他に，分別した資源ゴミを回収場所に持って行くのが私の役割になっています。

ポイント 家族といえども集団生活です。ふだん何も手伝いをしない人は，今からでも自分にできそうなことから始めてみましょう。

NG 「部活動が忙しいのでできません」など，意欲が見られない回答はNG。

98 ご家庭では，生活態度や礼儀作法について注意されることがありますか。

誰に対しても挨拶をきちんとするよう，いつも言われています。

OK 「外出先で靴を脱いだ後は，必ずかかとが手前にくるようにそろえることを教えられました」など，さまざまな答えが考えられます。

99 ふだんの生活で心がけていることは何ですか。

 翌日の準備をしてから就寝するようにしています。

ポイント 非常に答えの幅が広い質問なので，入念に準備しましょう。

OK 「気になることや疑問点はメモをとり，後で調べています」などもOK。

100 毎日朝食をとっていますか。

 起きるのが遅くなったときは軽くすませることもありますが，基本的には毎日とるよう意識しています。

ポイント 規則正しく健康的な生活を送れているかを見る質問です。特別な事情がある場合は，あわせて伝えておくとよいでしょう。

101 休日は何をして過ごすことが多いですか。

 午前中は軽く運動をして，午後は遊びに行くことが多いです。

ポイント 休日の過ごし方はもちろん自由ですが，何となくだらだらと過ごしているな，という印象を与えない回答を心がけましょう。

102 いつもは何時に寝て何時に起きますか。

 11時までには布団に入り，6時半に起きています。

ポイント 質問100と同様に，規則正しい生活を送れているかを見る質問です。睡眠時間が不規則な場合は，生活のリズムを整えるように心がけましょう。

18 家庭生活②

---

103 ご家族内での約束事はありますか。

 はい。帰宅が午後6時を過ぎる場合は必ず連絡をして，何時までに帰れるか伝えることです。

ポイント どのような教育方針の家庭なのか，家族との間でコミュニケーションがとれているか，などを見る質問です。

---

104 おこづかいはもらっていますか。また，主に何に使っていますか。

 毎月3000円もらっています。音楽のサブスクリプションに毎月使う以外は，本に使うことが多いです。

ポイント 金銭感覚や計画性を見る質問です。金銭感覚を自分で判断するのは難しいので，友だちの家ではどうなのかをきいてみてもいいでしょう。

---

105 ご家族で社会の出来事について話すことがありますか。

 はい。夕飯のときに，夕方のニュースで報じられた内容について話すことがあります。

ポイント 社会に対して関心を持っているのかを見る質問です。新聞の一面やニュースサイト・アプリのトップ記事は，毎日目を通しておきましょう。

OK 「円高・円安などの貿易に関連するニュースはよく話題に上ります」など，具体的な話題についてふれるのもよいでしょう。

106 インターネットを使ううえで，気を つけるべきことは何だと思いますか。

 目に入った情報に飛びついてデマを拡散してしまわな いようにすることと，うそでも本当のことでも他人を 傷つけるような投稿をしないことです。

ポイント ふだん気をつけていることを表現できるように，「技術・家庭科」など で学習した内容を復習しておきましょう。

OK 「家や学校の場所がわかるような情報を出さないことです」などもOK。

107 スマートフォンの使い方について， ご家族でルールを決めていますか。

 定期試験の1週間前からは，午後6時以降使わないと いうルールがあります。

ポイント きちんとメリハリをつけて使用していることを伝えましょう。

OK 「細かいルールはありませんが，困ったときは必ず相談すると約束していま す」などと答えてもよいでしょう。

108 SNSを利用していますか。また，どの ような目的ですか。

 友だちと連絡をとることと，好きな芸能人の投稿を見 ることに使っています。

ポイント SNSの利用は今や特別なことではありません。ただし，質問107と同様 に，メリハリをつけて利用しているかを考えてみましょう。

NG 当然，一日中SNSに張りついているのは，メリハリをつけているとはいえま せん。

面接トレーニング　質問回答例ベスト150

高校生活①

質問の意図＆トータル・アドバイス

　志望校についてどの程度理解しているかや，入学後，**学校の方針に従うことができるか**が問われます。まずは志望校についての正確な情報をつかみ，入学後の目標や展望などをイメージしておきましょう。また，校則については，学校独自の教育方針に基づいて定められているということをふまえて「ルールがあるから守る」のではなく「なぜそのルールがあるのか」を考えたうえで答えるとよいでしょう。

109 高校でがんばりたいことは何ですか。

部活動と勉強の両立です。高校では卓球部に入ろうと考えています。部活動が忙しい中でも通学時間などを有効に使い，授業についていけるようがんばります。

ポイント 今後の高校生活にしっかりとした展望があるかどうかを見ています。

NG 「趣味のピアノです」や「アルバイトです」など，学校とは直接関わりのない回答は避けた方が無難。

110 高校で身につけたいスキルはありますか。

英語コミュニケーションスキルです。海外大学への進学を考えているので，資格対策講座や交換留学制度などを積極的に活用し，実践力をみがきたいです。

ポイント そのスキルを身につけたい理由についても話せると説得力が増します。

111 本校の校風はどのようなものだと思いますか。

 真面目で落ち着いている印象です。学校説明会で先輩方の話す姿を見て，この学校でなら進路の実現に向けて安心して勉強に励むことができそうだと思いました。

ポイント 学校説明会の様子や周りの人の評判，校訓などを参考に答えましょう。

112 本校の校則を守ることができますか。

 はい，守れます。入学後はこの学校の生徒であるという自覚を持って行動していきたいです。

NG 「多分守れると思います」などのあいまいな表現はNG。

113 校則は何のためにあると思いますか。

 節度ある行動をみんなで心がけることで，快適な学校生活を送れるようにするためだと思います。

ポイント 校則の役割を考え，説明できるようにしておきましょう。

114 校則違反をする友だちがいたらどうしますか。

 本当の友だちなら間違いを指摘することも大切だと思うので，見過ごさずに注意したいです。

ポイント 「ルールは守らなければならないものである」という意識を持っていることを明確に伝えましょう。

20 高校生活②

115 本校の年間行事の中で興味のあるものはありますか。

アメリカへの修学旅行です。学校の友だちと一緒に異文化を体験できるところに魅力を感じています。また，3年生の演劇が有名な文化祭も楽しみです。

ポイント 志望校ならではの伝統行事や名物イベントなどを答えるとよいでしょう。

116 本校の授業や講座で興味を持ったものはありますか。

選択授業のビジネスマナー講習に興味を持っています。検定合格をめざした授業ということで，将来に役立つ礼儀作法をしっかり学べると思ったからです。

OK 特別なプログラムがなくても，好きな科目や興味のある科目にからめて「高校でより発展的な学習ができるのが楽しみです」のような答え方でもOK。

117 本校で入りたい部活動や委員会はありますか。

写真部に入りたいです。一眼レフカメラを持って，撮影に出かけてみたいです。この学校は文化部の活動が活発だと聞いているので，とても興味を持っています。

ポイント まだ考えていない場合も「特にありません」は避け，少しでも興味のある活動を答えましょう。

118 本校の施設・設備で利用したいものは
ありますか。

 読書が好きなので，6万冊を超える蔵書がある図書室
をぜひ利用したいです。海外文学の原書も豊富とのこ
となので，洋書にもチャレンジしたいです。

ポイント 施設や設備はその学校ならではの大きな魅力のひとつです。学校説明会
などで実際に見ておくとよいでしょう。また，「○○があるこの学校で高校生活を
送りたいと思いました」など，志望理由に関連させて答えることもできます。

119 本校に宗教行事があることを知っていますか。

 はい。学校説明会で先輩のお話を伺ったときに教えて
いただきました。

ポイント 宗教教育については事前にパンフレットなどで確認しておきましょう。

OK よくわからない場合は正直に「詳しくはまだ理解できていません」と答え，
「入学後に少しずつ学んでいきたいです」など前向きな姿勢を示しましょう。

120 高校生がアルバイトをすることをどう
思いますか。

 校則で禁止されていなければ特に問題ないとは思いま
すが，できれば勉強や部活動など，今しかできない経
験を優先した方がよいと考えます。

ポイント アルバイトに対する志望校の方針もふまえて自分の考えを述べましょう。

OK アルバイト可の学校であれば，「お金の価値を知ることができる」や「将来
社会人として必要なマナーが学べる」などの肯定的な意見も考えられます。

面接トレーニング　質問回答例ベスト150

高校生活③

121 身だしなみで気をつけている点はありますか。

当たり前のことではありますが，爪は短く切りそろえておく，シャツにはアイロンをかけておくなど，他の人からだらしないと思われないよう気をつけています。

OK 頭髪に関する校則がある場合は，「学校では1つに結んで清潔感のある見た目を保つようにしています」など髪型に配慮していることを答えてもよいでしょう。

122 高校生としてふさわしい格好とはどのようなものだと考えますか。

学校生活を送るうえでじゃまにならないことはもちろん，落ち着いて勉強に取り組めるような格好がふさわしいと考えます。

OK 「派手すぎないもの」「相手に不快感を与えないもの」など，ふさわしくない格好を否定する形で答えてもOK。

123 本校の頭髪の規則についてどう思いますか。

パーマや染色を禁止していることについては，学校の品位を保つために必要なことだと思います。この学校に入学したらしっかり守っていきたいです。

ポイント 学校によって規則の厳しさはさまざまですが，入学したいという意志がある以上，決められた規則は厳守するという姿勢をアピールしましょう。

124 本校の制服をどう思いますか。

 色合いがとてもさわやかで，学校のイメージによく合っていると思います。胸のエンブレムも格好よく，ぜひこの制服を着て高校生活を送りたいです。

ポイント 制服には学校のこだわりがつまっています。その制服のよいと思う部分を具体的に伝えられると好印象です。

NG 特によい印象を持っていなくても「古くさい」などの否定的な意見はNG。

125 本校には制服がありませんが，そのことについてどう思いますか。

 この学校の自由な校風をよく表していると思います。また，決まっていないからこそ高校生として一体何がふさわしいのかを考えるよい機会になると思います。

ポイント 「自由でよいと思う」だけでは，規範意識の薄い人だと評価されてしまう可能性もあります。ルールがなくても高校生らしさを守ろうとする姿勢をしっかり伝えましょう。

126 制服にはどんなメリットがあると思いますか。

 ふだんの通学だけでなく式典などでも正装として着用できることや，その学校の生徒としての自覚が芽生えやすいことがあると思います。

ポイント 制服の持つ役割に注目して回答しましょう。

OK 「みんなが同じ格好をするので，家庭の状況による差が見えにくい」なども考えられます。

22 ユニークな質問

質問の意図＆トータル・アドバイス

　「面接時間が短いから，大したことはきかれないだろう」と油断していると，予想外の質問をされたときにとまどってしまいます。**面接官はわざと答えに困るような質問をして，受験生が冷静に対処できるかどうかを見る**ことがあります。以下には，かなりポピュラーなものから，「こんなことをきくの？」というようなユニークなものまで，さまざまな質問を集めました。

127　あなたを動物にたとえると何になりますか。

犬です。感情表現が豊かで正直なところや，集団の中でのルールや秩序を大切にするところが，犬の習性に似ていると思うからです。

ポイント　どんな動物にたとえてもよいですが，理由は自分の性格に結びついたものにしましょう。

NG　「気分屋なので猫」など，短所とも受けとれる理由はあげない方が無難。

128　本校のイメージを色にたとえると何色ですか。

赤です。文武両道を掲げ，勉強だけでなく学校行事や部活動にも全力で取り組んでいるところが，燃えあがる炎を連想させるからです。

ポイント　その学校の校訓や教育目標，校風に合わせた色を答えましょう。

NG　「勉強が大変そうだから黒」など否定的な印象をもとにするのはNG。

129 異文化交流の際には何が大切だと思いますか。

 自分の常識が相手の常識とはかぎらないということを理解し，考え方や習慣を尊重することだと思います。

OK 「積極的に話しかけようとする姿勢」など，行動について述べてもOK。

130 本校のwebサイトを見て，改善すべき点があれば教えてください。

 一部の掲載情報が古くなってしまっているのが気になります。最新の情報に更新してほしいです。

ポイント 思いつかなくても「ありません」で終わらせず，「トップ画面の動画がすてきだと思います」などの意見や感想を一言つけ加えるとよいでしょう。

131 集団生活で大切なことは何だと思いますか。

 ルールを守り，お互いを尊重し合うことだと思います。

ポイント たとえ準備をしていなくてもその場で十分答えられる質問です。あせらずに，質問の内容にそった回答をするよう心がけましょう。

132 印象に残っている場所はありますか。

 幼いころ，祖父母とよく散歩で訪れた近所の池です。

ポイント この後に理由をきかれることも想定して，どのような点が印象に残っているのかを具体的に答えられる場所にしましょう。

23 連続パターン①

質問の意図＆トータル・アドバイス

「志望動機」や「将来の夢」などの重要な項目については，**関連する質問が連続することも考えられます**。いざというときにまごつかないように準備をしておきましょう。

133 なぜ本校を受験しようと思ったのですか。

 はい。長い伝統がある学校であり，私もその中で多くのことを学び，成長したいと思ったからです。

本校をどのようにして知りましたか。

 学校の先生にすすめられたのがきっかけです。その後，文化祭を見学し，学校説明会に参加しました。

本校を受験することは誰と相談して決めましたか。

 両親や担任の先生と相談して決めました。

本校を受験するにあたり，がんばったことはありますか。

 はい。まずは受験勉強をがんばりました。また，提出物などにも今まで以上に一生懸命取り組みました。

134 将来の夢はありますか。

はい。医師になりたいと思っています。

なぜ医師になりたいと思ったのですか。

困っている人を助ける医師の仕事は，誇りを持てる仕事だと思うからです。また，父が内科の医師をしていることもきっかけのひとつです。

その夢をかなえるために高校では何をがんばりたいですか。

医学部への進学に向けて，授業の予習，復習をしっかり行いながら，この学校の医科・歯科コースで，今まで以上に勉強に励むつもりです。

現在，気になっている大学や行きたい大学はありますか。

はい。具体的な大学はまだ決まっていませんが，国公立の大学に行きたいと思っています。

その大学を選んだ理由を教えてください。

私立の医学部に比べて学費が安いというのが一番の理由です。国公立の医学部に入って，両親に少しでも恩返しがしたいと思っています。

連続パターン②

135 得意な科目を教えてください。

 得意な科目は英語です。

英語が得意なのは理由がありますか。

 はい。小学生のころからずっと「英会話教室」に通っていたからだと思います。

では反対に苦手な科目はありますか。

 苦手な科目は社会です。

その理由はありますか。

 はい。覚えることが多く，特に地理の勉強を避けがちになってしまっていました。

苦手な科目を克服するためには，どうしたらよいと思いますか

 地理も，丸暗記するのではなく，歴史のように流れや理由を論理的に考えるようにしたらよいと思います。

136 本校の他に受ける学校はありますか。

 はい，あります。私立のK高校とS高校を受けます。

もし，すべての学校に合格したときは
どうしますか。

 この学校が第一志望なので，この学校に入学したいと
思っています。

その中で本校を選んだ理由を教えてください。

 医科・歯科コースがあり，将来の夢である医師になる
ために，最も近道だと思ったからです。また，学校の
雰囲気が一番自分に合っていると思いました。

もし本校に通うとして，通学時間と
通学方法はどうなりますか。

 自宅から学校までの時間は約1時間です。自宅から最
寄りのA駅まで歩いて10分，A駅からB駅まで地下
鉄で30分，B駅から学校まで歩いて20分です。

本校に通うと朝は何時くらいに起きる
ことになりますか。

 6時に起きて，7時ごろに家を出ることになると思い
ます。

137

中学校で部活動や委員会に入っていましたか。

 はい。テニス部に入っていました。

そこではどのようなことに力を入れましたか。

 大会でよい成績を収めるために，練習などを工夫し，課題をひとつずつ解決していきました。また，副部長として部をまとめることもがんばりました。

では，うまくいかなかったことはありますか。

 練習方法などで意見が対立してしまったときに，みんなの意見をまとめるのが大変でした。

そのときはどのように解決しましたか。

 課題に優先順位をつけて，できることから順番に取り組んでいこうとみんなで決めました。

高校でもテニス部に入りたいですか。

 はい。中学校での経験を生かして，技術をみがき，部活動を通して成長したいと思っています。

あなたの中学校にはどのような校則が
ありましたか。

 はい。制服の着方や，頭髪の長さと色についての校則
がありました。

その校則についてどう思いますか。

 中学生として恥ずかしくない格好をするために，必要
な規則だと思います。

では，校則は何のためにあると思いますか。

 学生としてふさわしい服装や態度を心がけるためにあ
ると思います。

本校は校則が厳しいと言われることが
ありますが，守れますか。

 はい，守れます。先輩からこの学校の校則について聞
いたことがありますが，高校生として普通の行動を心
がければ問題ないと考えています。

もし，本校に納得のいかない校則が
あった場合はどうしますか。

 ほとんどないとは思いますが，その校則ができた理由
などを考え，校則を守ります。

保護者への質問①

質問の意図＆トータル・アドバイス

　　保護者面接は受験生がどのような家庭環境のもとで育てられたか，それが本人の性格にどのように影響しているか，そして家庭（保護者）が**学校の校風や教育方針をどの程度理解し，協力してくれるか**などを見ることが目的です。保護者が子どもにかわって質問に答えたり，家庭内で意見が大きく食い違ったりしないようにしましょう。

139　本校を志望した理由をお聞かせください。

学校見学に参加した際，校内や周囲の環境がよく，生徒の明るくのびのびした様子にも感心しました。御校で学びたいという本人の意志も尊重し，志望しました。

ポイント　この種の質問は，受験生によくされるものです。保護者と受験生の答えがちぐはぐにならないよう，事前に話し合っておきましょう。

NG　受験生本人の考えがまったく反映されない答えは避けましょう。

140　ご家庭では，どのような教育方針でお子さんを育ててきましたか。

自分の行動に責任を持つこと，人を思いやることを教えたいと思い，そのように努めてまいりました。

ポイント　心がけてきたことがらを簡潔に話せるとよいでしょう。

NG　子どもの教育に無関心な様子や，逆に教育方針を長々と話すことはNG。

141 本校の教育方針をどう思われますか。

 自ら考え，律し，行動することに重きを置く「自主自律」という教育方針に，強く共感しました。

OK 学校の方針を表す言葉を取り上げて，その印象を伝えてもよいでしょう。

142 他の高校も受験されましたか。

 A高校も受験しています。両方合格した場合は，本人の第一志望である御校に入学させたいと考えています。

ポイント 他校受験については，素直に答えるのがよいでしょう。ただし，「すべり止め」などといった表現は控えましょう。

143 お子さんはどのような性格ですか。

 優しい性格だと感じます。反面，まじめすぎて悩んでしまうこともあり，話を聞くように心がけています。

OK 短所を述べる際は，克服に向けて努力していることを答えるのも一案です。

NG 長所のみ，短所のみを話すのは避けましょう。

144 ご家庭で何か約束事はありますか。

 インターネットやSNSを利用するときは，「誰に見られても困らないようにする」と約束しています。

NG 無関心すぎたり，自主性を尊重しなかったりする答え方は避けましょう。

面接トレーニング　質問回答例ベスト150

保護者への質問②

145 お子さんの将来について，どのような方向へ進んでほしいとお考えですか。

 本人はまだ，将来何になりたいか明確でないようです。選択の幅を広げたく，大学への進学をすすめています。

ポイント 事前に家庭内で話し合い，将来についての考えを共有しておきましょう。

NG 本人の気持ちを無視するような回答は控えましょう。

146 お子さんは中学校での欠席が多いようですが，何か事情がありますか。

２年生の秋に腕を骨折して１週間ほど入院しました。その後に通院期間もあり，休みが多くなりましたが，今は問題なく学校に通えています。

ポイント 長期の休みや遅刻が多い場合は質問される可能性があります。理由を説明し，学校生活を送ることに特に問題がなければ，そのことを伝えましょう。

147 お子さんの交友関係をお聞かせください。

 よく名前があがるのはクラスの友だち３人です。その他に幼なじみが２人おり，今もよく家に遊びに来ます。

OK 友だちが少ない場合は「何人か仲の良い友だちがいますが，そのうちの１人とはとても気が合うらしく，休日には一緒に遊びに行くなど親しくしています」など具体的に答えてもよいでしょう。

148 本校の宗教教育について，どのように
お考えですか。

御校の「感謝や助け合いの心を育む」という宗教教育
の意義に共感を覚えました。私たち保護者も本人とと
もに学んでいきたいと考えております。

ポイント 信仰の有無が合否に関わることはまずありません。学校の宗教教育に理
解がある姿勢を見せましょう。

149 ご家庭では，ふだんお子さんとどの
ような話をされますか。

ふだんは学校での出来事や勉強のこと，友人関係など
が中心です。なるべくゆっくり子どもと話す時間がと
れるよう心がけています。

ポイント 日ごろから積極的にコミュニケーションをとるようにしましょう。また，
コミュニケーション不足を解消するために家庭で工夫していることなどを話しても
よいでしょう。

150 お子さんにはどんな注意をすることが
多いですか。

部活動で疲れていると，つい帰宅後にのんびりしてし
まうことがあるので，学校の課題や、本人と約束した
家事をしてから自由時間を過ごすよう注意しています。

ポイント 家庭内の子どもとの関わり方や教育方針などが見られます。

NG 子どもに無関心な答えや，主体性を尊重しない態度は控えましょう。

面接ワークシート

　これは，各学校の面接でよく聞かれる質問を集めたワークシート（準備用シート）です。面接練習をする前に，まずは自分で回答を考えてみましょう！　実際に面接で話す時と同じように，敬語を使ってまとめると練習の時に話しやすくなります。ワークシートの後半は，自分で回答を準備したい質問を選んで自由に書き込むことができます。

質問1　今日はどのようにして本校に来ましたか。

あなたの答え

💡ヒント　15「通学経路・時間」－85（40ページ）を確認しよう！

質問2　本校を志望した理由を教えてください。

あなたの答え

💡ヒント　1「志望理由と進路①」－1（12ページ）を確認しよう！

質問3　高校卒業後の進路についてどのように考えていますか。

あなたの答え

💡ヒント　3「志望理由と進路③」－13（16ページ）を確認しよう！

質問4 中学校生活で直面した困難と, それをどう乗り越えたかを教えてください。

あなたの答え

💡 ヒント　4「中学校生活①」—22（19 ページ）を確認しよう！

質問5 中学校で参加していた部活動があれば, その活動内容を教えてください。

あなたの答え

💡 ヒント　5「中学校生活②」—25（20 ページ）を確認しよう！

質問6 あなたの趣味と特技は何ですか。

あなたの答え

💡 ヒント　7「趣味・特技・性格①」—37（24 ページ）を確認しよう！

質問7 あなたの長所と短所は何ですか。短所とどのように向き合ってきましたか。

あなたの答え

💡 ヒント　8「趣味・特技・性格②」—43, 44（26 ページ）を確認しよう！

質問8 本校を受験するためにどのような準備をしてきましたか。

あなたの答え

💡 ヒント　13「学習と入学試験③」―73（36 ページ）を確認しよう！

質問9 本校以外に受験した学校がありますか。両方に合格した場合は，どちらに行きますか。

あなたの答え

💡 ヒント　14「併願校」―79，80（38 ページ）を確認しよう！

質問10 友だち付き合いの中で気をつけていることはありますか。

あなたの答え

💡 ヒント　16「友人関係」―92（42 ページ）を確認しよう！

質問11 高校でがんばりたいことは何ですか。

あなたの答え

💡 ヒント　19「高校生活①」―109（48 ページ）を確認しよう！

準備しておきたい質問と回答を自分で書き出してみましょう！

質問 12

あなたの答え

質問 13

あなたの答え

質問 14

あなたの答え

質問 15

あなたの答え

自己PRカード(志願理由書)ワークシート

これは，公立高校入試等で出願時に提出が求められる自己ＰＲカード（志願理由書）の
ワークシート（準備用シート）です。77ページからはじまる「自己ＰＲ書の書き方」で準
備した内容をふまえ，自己ＰＲカードの下書きを作成してみましょう。

1. 志望理由

2. 中学校生活の中で得られたことについて

3. 高等学校卒業後の進路について

4. 自己アピール

5.

6.

次のページには，大きい記入欄になっている回答欄を用意しています。
自分が提出する自己PR書に大きな記入欄がある場合は，ぜひ練習しましょう。

受験する学校によっては，大きな記入欄を設けて1つの質問のみ回答する場合があります。必要に応じて下の記入欄を使って下書きをしてみましょう。

7.

正しい敬語とことばづかい

面接官の視点

　受験生が自分と相手の立場をふまえ，場にふさわしい対応ができるか，つまり社会性を備えているかを面接官は見ています。いくら自分の意見や考えをはっきりと述べても態度や言葉づかいが悪ければマイナスです。まずは面接という場での正しい言葉づかいを身につけましょう。

敬語を使い分けよう

① **尊敬語（相手に敬意を表す言葉→相手の言動を表す語に用いる）**

　美術の先生がぼくの絵を見た。→美術の先生がぼくの絵をご覧になった。

② **謙譲語（相手に対しへりくだるさいに使う言葉→自分の言動を表す語に用いる）**

　すぐにそちらへ行きます。→すぐにそちらへうかがいます。

【注意！】身内のことを相手に話すときには，「お父さん」「お母さん」ではなく「父」
　　　　　「母」などのように，相手に対して一段へりくだったところに身を置く。
他の例：お兄ちゃん→兄／お姉ちゃん→姉／おじいちゃん→祖父／おばあちゃん→祖母
---

③ **丁寧語（伝え方をていねいにした言葉）**

　明日，その勉強をする。→明日，その勉強をします。

よく使う敬語一覧

基 本 語	尊 敬 語	謙 譲 語
言う・話す	おっしゃる	申す・申し上げる
行く（来る）	いらっしゃる・おいでになる・お越しになる	うかがう・参る
いる	いらっしゃる・おいでになる	おる
する	なさる	いたす
会う	お会いになる	お目にかかる
知る	ご存じ	存じる・存じ上げる
見る	ご覧になる	拝見する
もらう	お受け取りになる・お納めになる	頂戴する・いただく
与える	くださる	差し上げる

●略語（バイト・スマホ…など）やくだけた表現（てか・超・マジで・秒で・なんか・やっぱり・まぁ…など），ら抜き言葉（来れる・見れる…など）も使わないように気をつけましょう。

面接前日は
コレに注意!!

前日までに会場の下見を

　自宅から志望校までの交通機関・経路・所要時間を実際に確かめてみることが必要ですが，そのときのポイントをあげてみることにしましょう。

◉当日の時間帯に合わせた下見をする（曜日も含めて）。
◉ラッシュの程度を調べておく。
◉乗りかえをする場合，出入りする改札口・かかる時間を確かめる。
◉最もスムーズに行ける経路・所要時間を確認し，メモしておく（面接時に質問されるかもしれません）。

提出書類の控えをチェック

　入学案内・入試要項をよく読んでおくことはもちろんですが，志望校に提出した書類の控え（コピーをとっておく）を見て，記入内容と面接時の返答がくいちがうことのないようにチェックしておきましょう。

WEB（インターネット）出願のポイント

　まず出願期間・志願変更方法・合否確認方法・受験料や入学金支払方法に注意しましょう。受験料の決済が完了しないと出願完了になりません。受験料の支払方法や出願完了したかどうかを保護者の方と一緒に確認しましょう。

　顔写真を受験票に貼ることや，アップロードを求められる場合は，事前に写真館などで撮影してデータと現物の両方を準備しておくことが望ましいです。各種パスワードを設定する場合は，メモをとるなどして必ず記録するようにしましょう。また，公立高校出願の際，中学校の承認が必要な場合があります。必要な手続きをていねいに確認しましょう。

　受験票は受験生が各家庭で印刷し持参する場合があります。その際は予備も用意しておくとよいでしょう。

持ち物チェックリスト

　必ず前日までに用意し，印をつけてチェックしましょう。

■書類・筆記用具	
	受験票
	入試要項・入学案内
	その他の書類（　　　　）
	（　　　　　　　　）
	メモ用紙
	指定された筆記用具
	（　　　　　　　　）
	（　　　　　　　　）
	（　　　　　　　　）
	（　　　　　　　　）
	（　　　　　　　　）
■身のまわりの品	
	ハンカチ・ティッシュ
	携帯電話
	お金・ＩＣカード
	上ばき
	時計
	雨具
	昼食
	受験校の連絡先メモ
	交通経路・所要時間メモ
	（　　　　　　　　）
	（　　　　　　　　）
	（　　　　　　　　）

面接当日 は
コレに注意 !!

時間の余裕が何より大切

　時間的な余裕を考え，早めに起床しましょう。トイレや洗顔・歯みがき，朝食をすませ，服装の点検を鏡の前で行い，前日準備した持ち物を用意すれば万全。

30分前到着のつもりで出発

　試験場には，指定時刻の30分ぐらい前に着くつもりで，早めに家を出ましょう。バスや電車の混雑具合によっては，思った以上に時間のかかることも考えられます。時間のゆとりは気持ちのゆとりにつながりますので，"30分前到着"を心がけましょう。

掲示物に注意

　学校に到着したら，まず掲示物を確認してください。もうすでにわかっていることが多いはずですが，学校によっては筆記試験と面接試験の場所や日程がちがうこともあります。いくつもの学校を受験している人は，混乱のないようとくに気をつけましょう。

トイレに行っておこう

　控え室・面接会場の場所を確認し，洗面所の位置も覚えておきましょう。時間のあるうちにトイレへ行き，ついでに鏡の前でみだしなみのチェックをするとよいでしょう。

緊張しても大丈夫！ 面接での話し方

面接で緊張してしまうのはやる気の裏返しであり，しかたのないことです。ただし，緊張しすぎてしまうと実力が発揮できなくなってしまうので，緊張を和らげる方法や緊張したときの対処法などを紹介します。

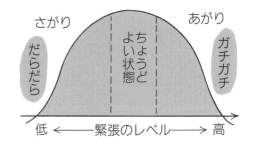

回答の準備をして，繰り返し練習しよう

面接試験にあたり，まずは万全の準備をして自信をつけておくことが大切です。そのために，学校の先生や塾の先生と面接の練習を何度も行っておきましょう。その際，動画を撮って自分の姿を客観的に見ておくのも効果的です。また，回答の内容をすべて丸暗記しようとすると，ちょっとした言い間違いでもあせってしまうことがあります。そのため，**キーワードをしっかり覚えておき，あとは面接官との会話の流れの中で，自分の意見を自然な形で述べられるようにしましょう。**

大きく息を吸って，ゆっくり笑顔で話してみよう

緊張してしまうと呼吸が浅くなり，息を「吐く」よりも「吸う」ほうが多くなるといわれています。そのため，緊張してきたと思ったら，大きく深呼吸して，息をゆっくり吐きだしてみましょう。また，面接では大声を出す必要はありませんが，緊張すると声が小さくなりがちです。**普段より少し大きく息を吸って，おなかに少し力を入れて話す意識を持ちましょう。**話すときに声が震えたり，手が震えたりしてしまっても大丈夫。質問を最後までしっかり聞いてから，落ち着いて話し始めましょう。

頭が真っ白になったら「緊張しています」と伝えてみよう

しっかり準備をして，落ち着いて話そうとしてもうまくいかないことがあります。そういうときは，黙ったり，適当な答えでごまかしたりせずに，正直に話すことが大切です。**聞き取りにくかったときは「もう一度おっしゃってください」，言い間違えてしまったときは「すみません，間違えたので言い直させてください」，答えがすぐに思いつかなかったときは「少し考えさせてください」などと言ってみましょう。**緊張していても，一生懸命な姿は好印象につながります。入学したいという気持ちをがんばって伝えてみましょう。

自己PR書の書き方

高校受験に際して，提出を義務づける都道府県が増えてきた「自己PR書」。その書き方を8ページにわたって特集します。

自己PR書とは何か

多くの都道府県の公立入試や一部の私立入試で「自己PR書」「志願理由書」の提出が求められています。この「自己PR書」とは，何を目的に，どのようなことを書くものなのでしょうか。

各高校では，みなさんを生徒として迎えるにあたり，学力だけでなく，さまざまな面から判断しようとしています。重要視されるのは，コミュニケーション能力やプレゼンテーション（人物や物事の内容を説明し，伝えること）能力といった，自分を表現する力です。**主張できるような自分を持つことと，それをしっかりと相手に伝えること**の2点が重要になってきます。

また，後で**面接を受けるときに，「自己PR書」に基づいて質問される**ことも頭に入れておきたいものです。読み手である高校の先生が質問したくなるような内容にする工夫をしなければなりません。どんな工夫をすればよいかは，この記事で紹介していきます。

書類を書くときの基本

「自己PR書」は，学校という機関に提出する公式な書類です。こうした書類を書くときの基本的なマナーをおさらいしましょう。

1．文字や見た目はていねいに

字は，「うまい・へた」ではなく，時間をかけてていねいに書くことが大事。じっくりと心を込めて書いたかどうか，たくさんの「自

コラム・高校の研究も欠かさずに

■朝霞高校の「求める生徒像」

学習意欲が旺盛であり，その成果が期待できる者で，次のいずれかに該当する者。

1．本校の教育活動を理解し，明確な目的意識を持って努力できる者
2．生徒会活動や部活動に優れた実績を持つ者
3．特定の分野や文化，芸術，体育などに優れた能力を持つ者
4．奉仕活動などの地域社会の活動に熱心な者

各高校は入試前に，「求める生徒像」や「選考で重視する内容」などを発表しています（公立入試におけるこれらの呼び名は，東京では「本校の期待する生徒の姿」，千葉では「各高校の期待する生徒像」というように，都道府県によって異なります）。また，学校紹介のパンフレットなどには，校訓や教育目標といったことも書いてありますので，それらに沿った文章を書くと効果は抜群です。

左の囲みは，過去に埼玉県立朝霞高校が発表した「求める生徒像」ですが，例えば，ボランティア活動に興味がある場合は，「4」に該当しますので，どんな活動をしているのか，また活動をはじめたきっかけなど，しっかり書いておきましょう。

己ＰＲ書」を見ている高校の先生はすぐに見破ってしまいます。**筆記具は，黒のボールペンを使うのが一般的です。**

　字の大きさは，けい線の間隔の８割くらいがよいでしょう。また，記入欄が十分な大きさといえないこともありますが，その場合は，欄の大きさに合わせて内容をしぼって書きます。小さな字でごちゃごちゃ書くのも，少なすぎて余白があるのも避けたいもの。**何度も下書きをして全体のバランスを整えましょう。**

２．漢字や敬語，誤字脱字に注意

　無理に漢字を用いる必要はありませんが，中学までに習った漢字は使うようにしましょう。誤字脱字がないように気をつけ，**少しでもあやふやな点があったら，辞書で確認**する姿勢を。また，ていねいに書こうとするあまり，「先生がいらっしゃられる」など，**敬語の重複というミスを犯しがちなので，注意し**ましょう。

３．ウソは書かない

　事実でないことを書いてはいけません。面接で突っ込んだ質問をされ，答えにつまってしまいます。必要以上に格好をつけて書くのも，面接の場でのイメージダウンにつながりかねません。

４．清書の前に別の人に見てもらう

　清書の前に，中学や塾の先生，保護者の方などに内容についてチェックしてもらいましょう。誤字脱字はもちろん，**自分の意図したことがきちんと伝わっているか確認するのにも有効です。最後に，提出する「自己ＰＲ書」はコピーして手元に１部残しておくとよいか**もしれません。

自己ＰＲ書の書式と書き方

　多くの「自己ＰＲ書」は書く内容別に記入欄がいくつか設けられています。どんな内容について書くかは，都道府県や学校ごとにちがいますが，

```
「志望理由」
「中学校生活の中で得たことについて」
「高等学校卒業後の進路について」
「自己ＰＲ」
「その他」
```

の５つの中から，３〜４つのことがらについて書く形式が多いようです。そこで**この記事では，上記の５つの内容について，それぞれ書き方の工夫を伝授していきます。**なお，付属の「自己ＰＲ書（志願理由書）ワークシート」には，記入を求められやすい質問例と，いくつかの都道府県の自己ＰＲ書と同じくらいの記入欄を用意しました。都道府県により異なりますが，だいたいこのワークシートをイメージすればよいでしょう。

　しかし中には，「自己ＰＲ書」全体を「志願理由」のみで埋めなくてはならない場合もあります。その場合は，上記にあるような他の内容もおりまぜつつ書くことが求められています。

　自分の住んでいる地域の公立入試における**「自己ＰＲ書」は，各都道府県のホームページなどで見られる**場合があります。しっかりチェックしてムダなく練習をしましょう。

　また，どんな形式であっても，各高校が発表している**「求める生徒像」や「選考上重視する内容」**，校訓などを確認し，それに沿ったことを書く（P.77下のコラム参照）ことにも注意してください。

「志望理由」の書き方

志望校に入学したい理由，その高校に入学したらやりたいことなどについて，学習面と生活面の両方から書きます。

入学したい理由に説得力を持たせるには，志望校のことをよく調べておくとよいでしょう。**「求める生徒像」などのほか，設置されている学科や校風，行事，部活などにからめて記入します。**

入学したらやりたいことについては，**将来の夢や目標についてまでのべると**，わかりやすくなります。特色ある学科や授業がある高校ならば，自分の興味や関心と結びつけてもよいですし，大学進学に力を入れている高校ならば，進学したい大学に関連した内容を盛り込みましょう。

大きな欄に志望理由のみを書く都道府県の場合は，志望理由だけに限定せず，以上のような内容を詳しく書いて，**諸活動の記録や自己PRなどを含めた文章にする必要があります**。好きな教科や成績のよい教科についてふれるなどして，自己アピールにつなげるのも効果的です。

まずは志望理由を，か条書きで書いてみましょう。志望理由は複数あるかと思いますが，そのすべてについて書くと印象がうすくなってしまいます。**一番長く書けそうなものをメインに話を進めるのがうまい方法です。**

自分のやりたいことなどがその高校の特色と結びついていることを説明するのも大切です。例えば「バレーボール部の強い学校だから」というのであれば，バレーボール部の強い学校はほかにもいくつかあるわけで，その中で志望校を選んだ理由を挙げなくてはなりません。**実際に部活見学や学校説明会などに足を運び，「練習している先輩たちの雰囲気がいちばんよく感じた」などと書ければ，より説得力が増します。**

記 入 例

私の好きな教科は社会です。中学の3年間，ほとんど成績は「5」でした。教科書の勉強だけでなく，各地の歴史的な名所をめぐったり，歴史小説を好んで読んだりしています。この前の夏休みには姫路城に行きました。最近は，三国志を読み始めたところです。将来は，○○大学文学部の歴史学科に進みたいと思っていますので，○○大学への合格実績がよいこちらの高校を志望しました。入学後は，しっかりと勉強し，現役で合格したいです。

志望理由をか条書きにしましょう

- ●
- ●
- ●
- ●
- ●
- ●

この中で自分が長く書けそうなものや，自分のやりたいことと学校の特色が合っているものを中心にワークシートに下書きをつくっていきます。

「中学校生活の中で得たことについて」の書き方

中学で学習してきたことや，部活動・生徒会活動，学校行事，課外活動などを含めた中学校生活における成果を書きます。ここではそれぞれ，「学習について」と「中学校時代の活動について」に分けて確認していきましょう。

学習について

中学でどのようなことを学習したかを書きます。過去の公立入試では，東京や埼玉などで問われました。

各教科の評定は，別に提出される内申書に記載されていますので，ここでは，毎日の学習をするうえで気をつけていたことや，学習を通して得られたものを書きます。「アメリカの歌に興味を持ったことがきっかけで英語が好きになった」というように**好きな教科とその理由，得意な教科をどう伸ばしてきたのか，不得意教科への対策はどうしてきたのか**などについて書くことが考えられます。

「総合的な学習」については，ぜひともふれておきたいものです。学習の自由度が比較的高いので，人それぞれの個性が成果に表れやすく，自分の特色を伝えるのに格好のネタとなります。環境問題や福祉・ボランティアについて学んだ人が多いと思われますが，そ

の場合，「どこでどんな活動をしたか」を具体的に書くことで他人との差をつけることができるでしょう。

活動の内容だけでなく，そこから何を考えたか，自分の今後の生き方にどんな影響があったかも盛り込むべきです。ただし，ウソはいけません。環境問題に対して興味もないくせに「もっと深く学びたいので，将来は大学の環境系の学部をめざす」などと書くと，面接で突っ込まれて困ることになるおそれがあります。

記　入　例

理科と体育がとても好きです。理科は実験，体育は実技と，どちらも実際に身体を動かして学習を進めていく点が気に入っています。反面，数学が少し苦手なのですが，計算練習を毎日やったり，図形問題ではていねいに作図することを心がけたりして克服しました。総合的な学習では，ペットボトルをリサイクルして服をつくる工場を見学するなど環境問題について取り組みました。自由に学習内容を決められるのですが，自分でテーマを決めて学ぶことがとても大変なことだと実感できたのは，私にとってプラスになっています。

中学で学習したこと，好きな教科や苦手な教科と理由などをまとめましょう

-
-
-
-
-
-

この中で，志望理由や今後の進路希望につながるものを中心にまとめていきます。

中学校時代の活動について

　ここでは，学級活動，生徒会活動，学校行事，部活動に加え，ボランティア活動，資格取得など学校外の活動も含めて，活動状況や成果を書きます。過去の公立入試では，東京，神奈川，埼玉などで記入する欄が設けられました。**「諸活動の状況及び実績について」「中学校時代の活動について」というように，欄のタイトルが異なることがありますが，書く内容は同じ**と考えてよいでしょう。

　対象となる内容が幅広いため，**すべてについて書くのではなく，いくつかを取り出して，書くことをおすすめします。**「副部長を務めた」「○○賞を受賞した」「県大会に出た」「○○の会に参加した」など，**具体的な表現を用いましょう。**「がんばった」「一生懸命やった」などの書き方では，内容があいまいになり，読み手にうまく伝わらなくなってしまうことが多いようです。

　また，資格，大会受賞などの実績は，か条書きでかまいませんが，主催団体や大会，発表会などの正式名称まで正確に書く必要があります。

　なるべくたくさんのことを具体的に書きたくなるものです。しかし，**1つのことを具体的に書いて，残りは，か条書きで数多く記入するなど，全体のバランスがとれるように**ま

とめるのがよいでしょう。

　他の項目と同様，**その活動を通じて，どんな経験をして何を得ることができたのかを書くことも忘れずに。**その内容を，高校入学後にやりたいことや，将来の目標に結びつくようなものにすることができればいうことはありません。

記　入　例

　中学では，サッカー部に所属していました。よかったことは，中学からサッカーを始めたにもかかわらず，レギュラーになれたことです。ほとんどの部員が小学校時代からサッカーをやっており，技術的にはかなわなかったのですが，運動量と試合中のかけ声が認められ中盤のポジションを確保できました。自分の強みと弱みを分析する姿勢の大切さを学んだ気がします。○○高校でもサッカー部に入り，中学での経験を生かして活躍したいです。
・ほかに，日本漢字能力検定協会主催「漢字検定3級」を取得しています。

中学校時代の活動について，部活動や生徒会活動，学外活動などをまとめましょう

- ●
- ●
- ●
- ●
- ●
- ●

この中で，もっとも力を入れた活動について，より深めて書いていきます。

「自己PR」の書き方

主に自分の性格についてPRできる点と，それに説得力を持たせるエピソードを加えて書きます。部活や趣味，学習などでがんばったことを記入してもよいのですが，**他の欄で「中学校生活の中で得たことについて」など を書いている場合は内容が同じにならないように注意**しましょう。

書き方は基本的に，他の項目と変わりはありません。自分のアピールできるポイントをいくつか，か条書きにしてみます。複数書いたら，それらの中で**自分がいちばん自信を持っていること，エピソードと一緒にアピールしやすいものをメインにして**具体的に書いていきます。

書くことが何もないという人は，自分がほめられたときのことを思い出してみてください。「友だちに対する思いやりがある」「好奇心が強い」など，ちょっとしたことでもよいので，**どんなことをして，誰から，どんなふうにほめられたのかを書くだけで，だいたい「自己PR」が完成してしまいます**。

最後は，**自分のアピールできる点が，志望校の校風にいかに合っているかを語る文章で**終えると，内容全体がグッと引き締まります。アピールポイントを生かして，どんな高校生活を送りたいか書くのもよいでしょう。

記 入 例

私の長所は，コツコツとまじめに努力し続けられることです。中学時代，宿題を忘れたことは一度もありませんでしたし，所属していたバスケットボール部の練習は１日も休みませんでした。また，実は英語が苦手な教科だったのですが，中学２年の夏休みから，単語の書き取りを毎日行うことで克服しました。このような自分のまじめさを生かして，勉強に部活に優れた実績をあげている○○高校でも，コツコツと自分の力を伸ばしていきたいと思います。

自分の長所やがんばってきたことをか条書きにしましょう

●
→（どういう長所につながるか）
●
→（どういう長所につながるか）
●
→（どういう長所につながるか）

この中で，自分のがんばってきたことが自分の長所とどう結びついているかを考えてまとめましょう。

「高等学校卒業後の進路について」

高校卒業後の進路や将来の夢について，進学希望や就職希望などを書きます。

将来の夢について「志望理由」などでふれている場合は，将来の夢を実現するためにどのような進路をとるべきなのか，実際に調べたうえで詳しく書きましょう。進学希望の場合は，希望する大学・学部・学科などを書くのが望ましいです。なお，まだ具体的な希望がない場合は，高校生活の中で○○の分野に興味をもって学習し，将来の希望をまとめていきたいなどとまとめ，意欲を伝えるとよいでしょう。

「その他」には何を書く？

先にのべたように，多くの「自己PR書」では，内容別にいくつかの記入欄があります。中には，最後に「その他」について書く記入欄が設けられているケースがあります。この場合は，まず，それまでに書いたこと以外で**「特に力を入れたこと」について記入する方法を考えてみてください。**

例として，自分が生活していくうえでのモットー，志望校のどんなところに魅力を感じるか，学校生活や地域での生活で心がけてきたことなどが挙げられます。「中学校生活の中で得たことについて」の記入欄がない「自己PR書」であれば，部活や生徒会活動の活動状況や成果などについて書いてもよいですし，同様に，得意教科などの学習についての内容にすることもできます。

ほかに，**「その他」の前にある記入欄の中で書いたことを，さらにふくらませて補足する方法もあります。**例えば，記入欄が3つあって，1つめの記入欄が「志望理由」，2つめが「自己PR」，3つめが「その他」だったら，1つめで書いた「志望理由」をさらに理解してもらうため，「その他」の欄を使うのです。"「志望理由」で書きたいことがいっぱいあるけど，記入欄が小さすぎる"というようなときに有効なやり方といえます。

また，得意教科や，その教科にどのくらい力を入れたかなど，面接で質問されたときに話しやすいことを書くのもよいでしょう。

将来の夢や，興味を持っている分野などをか条書きにしましょう

- ●
- ●
- ●
- ●
- ●
- ●

気になる職業や分野があれば，どこでそれについて学べるのか下調べをしましょう。

面接担当官・先輩受験生に聞く
面接試験の感想

　ここに集めた「面接試験の感想」は，全国の高校へのアンケートや実際に面接を受けた先輩のハガキの中から選んだものです。面接をする先生が，生徒のどんな点に注目し，観察しているのか，また，受けた生徒がどんな感想をもったのか，などを確認して参考にしてください。

面接官の感想，面接意図

●面接は受験生のよさを引き出すことにねらいがある。自分の長所を上手に表現してほしい。　　　　　　　　［東京・玉川学園高（共）］

●自分の成長や課題を率直に，そして，具体的に語ることが大切だと考えています。また，本校の校風や教育に対する理解が確かなものであることを重視しています。
　　　　　　　　　　　　　［東京・正則高（共）］

●受験生の皆さんは，一つ一つの質問に誠実に，そして，自分の言葉で答えてくれています。　　　　　［東京・東京家政学院高（女）］

●きちんと準備もした上で，自分の言葉で話そうとしている生徒には好感が持てた。
　　　　　　　　　　　［東京・貞静学園高（共）］

●面接の事前指導がよくなされておりそつがないが，本人の人柄は面接のなかでよくわかる。　　　［東京・品川エトワール女子高（女）］

●もう少し「自分」を前面に出して積極的に話してほしい。　　［東京・東洋女子高（女）］

●面接重視で，人物についてしっかり観察する。　　　　　［東京・日本体育大学荏原高（共）］

●質問には率直に応じてくれる生徒が大半である。髪型，服装がおかしい者は入学後問題になることが多いようだ。
　　　　　　　　　　　［東京・共栄学園高（共）］

●事前の練習がかなり行きとどいており慣れた感じがする。面接で問題となる生徒は成績に関係なく不合格とする。
　　　　　　　［東京・東海大学付属高輪台高（共）］

●面接は人柄がよくわかるので大切。生徒は自分の言葉でハキハキと話してほしい。
　　　　　　　［東京・日本工業大学駒場高（共）］

●茶髪，ピアス等は校則で禁止されていることもあり，不合格となる可能性がある。
　　　　　　　　　　　［東京・東京実業高（共）］

●全員が意欲的にはきはきと受け答えをしていました。　　［千葉・専修大学松戸高（共）］

●面接練習をしっかりやってきており，面白みがうすれてきている。練習以外の部分で本人の性格が出てくるので，そこをうまく引き出すようにしている。
　　　　　　　　　　　［東京・潤徳女子高（女）］

●相手の目を見て，きちんとした言葉遣いでハキハキ答える生徒が多かった。事前の指導がよくできているという印象を受ける。
　　　　　　　　　［東京・東京純心女子高（女）］

●中学校でよく練習をしてきた生徒が多いようで，ほほえましさを感じる半面，型通りでなく，自分の言葉で話してほしいと思うことがある。　　　　［千葉・日出学園高（共）］

●志望動機や高校生活の抱負などを，自分の言葉でしっかり話せる受験生が年々増えてき

面接試験の感想

ているように感じる。
　　　　　　　　[神奈川・横須賀学院高(共)]
●短時間で人物を確認するので大変神経を使う。服装・態度に重点をおくが，調査書でとくに注意すべき記録があればその件について聞く。　　　[神奈川・日本大学藤沢高(共)]
●面接点と学科における取得点がおおよそ比例する結果になっている。
　　　　　　　　[千葉・和洋国府台女子高(女)]
●入学後の指導に万全を期す意味で実施している。今後も面接は必要だと考える。
　　　　　　　　[千葉・千葉県安房西高(共)]
●以下のような生徒が多い。「興味の対象がはっきりしている。」「協調性があり，意欲が伝わってくる。」「考えたことを自分の言葉で伝えられる。」　　　[東京・広尾学園高(共)]
●志望理由と自己アピールをきちんと述べられる受験生は好印象を与えられると思います。塾等の事前指導が徹底されていると感じました。　　　　[東京・和洋九段女子高(女)]
●将来の目標をしっかりと決め，それに向けて何をするべきかを語るなど，とても目的意識の高い生徒が多かった。
　　　　　　　　　[茨城・水戸葵陵高(共)]
●一般入試はグループ面接ということもあって，推薦入試(個人面接)にくらべてやや緊張感に欠ける生徒も見られる。
　　　　　　　　　[東京・東海大学菅生高(共)]
●中学で練習を重ねてきているので，志望の動機や入学後の抱負などについてはスムーズに応対できるが，少し深く質問されると答えに窮する受験生が多い。
　　　　　　　　[栃木・文星芸術大学附属高(共)]
●相手の目を見てしっかりと受け答えができる受験生は，入試の成績も比例して良好であった。何を話すかよりも，どう自分を知って

もらうかを考え発言できた受験生には好感がもてた。　　　　　[東京・駒込高(共)]
●学校見学や説明会に積極的に参加したうえで本校を志望していることや，入学後のこともしっかり考えていることに感心した。
　　　　　　　　[神奈川・鶴見大学附属高(共)]
●しっかり準備をして面接に臨んでいる印象。しかし，自然な会話が出来ていない。その場での対応力には欠けるイメージ。
　　　　　　　　　[東京・正則学園高(男)]
●面接で緊張するくらいの生徒のほうが素直に見え，むしろ望ましい気がする。
　　　　　　　　[埼玉・筑波大学附属坂戸高(共)]
●台本通り，練習通りの返答ではなく，自分の言葉で，考えや意見を言ってほしい。
　　　　　　　　　[東京・中央大学高(共)]
●中学校の面接練習の内容以外についても質問するので，自分の考えをしっかりまとめておいてほしい。
　　　　　　　　[栃木・宇都宮文星女子高(女)]
●志望理由や，中学校生活で力を入れたことについて，「説明会に来て雰囲気がよかったから」，「部活です」と答えるのはよいが，どういう雰囲気がよかったのか，何の部活でどのようなことに力を入れたのか，などを話してくれるとよいのだが…。
　　　　　　　　　[東京・新渡戸文化高(共)]
●型にはまった質問には対応できるが，準備していなかった質問には対応できない生徒が多い。　　　　[千葉・鴨川令徳高(共)]
●どの生徒も意欲的で前向きにがんばろうとする好印象な人がほとんどです。
　　　　　　　　[茨城・茨城キリスト教学園高(共)]
●面接練習が良くできている。あいさつや受け答えが良くできている。真面目な生徒が多い。　　　　　[茨城・霞ヶ浦高(共)]

面接試験の感想

●入学後に取り組みたいことや将来の目標を具体的に答える受験生が多かったように思います。　　　［東京・**文京学院大学女子高**(女)］

●練習してきた部分はしっかり答えられるが、ちょっと質問の内容を変えると返答できない生徒が多い。

［東京・**立正大学付属立正高**(共)］

●言葉遣いや態度など、しっかり練習をして試験に臨んでいる方がほとんどです。その上で、入学したいという思いや理由などを具体的に話してくださっています。

［東京・**国本女子高**(女)］

●身だしなみや態度、ことばづかいなどきちんとしている。中学校がきちんと指導している印象。　　　［東京・**佼成学園女子高**(女)］

●中学校生活で頑張ってきたことや、入学後の抱負などを中心に質問しています。それぞれが中学での３年間を大切に過ごし、また本校での新しい出会いや体験に期待を持っていることがよくわかりました。

［東京・**玉川聖学院高**(女)］

●受験生は本校の説明会にほとんどの方が参加しており、校風等理解したうえで挑むので、緊張感はあるものの、事前に対策し考え方や準備の方法を工夫しているように感じる。

［東京・**東京女子学院高**(女)］

●本校入学後、入部したいクラブや大学進学への目標など高校生活への意欲的で前向きな姿勢を拝見しました。また、本校の校風も理解していることも確認できました。

［東京・**川村高**(女)］

●学校案内の表現をそのまま使用し、オリジナルな表現が乏しい。各類型の特徴の理解と志望理由が一致しない。入学後の具体的な展望、描いている活動内容の発言や記述が乏しく、意欲に欠ける。　　［東京・**順天高**(共)］

●明るく礼儀正しい生徒が多かった。発言や発言内容にも意欲が感じられ、前向きな印象を与える生徒が多く、全体的に好印象であった。　　　［東京・**実践学園高**(共)］

●学校行事や部活動に積極的に取り組みたいと思っている受験生が多い印象があります。

［東京・**大成高**(共)］

●事前に記入してもらう面接の資料に基づき質問することも多いので、しっかりと自分の考えを述べられる受験生が多いと感じます。

［東京・**桐朋女子高**(女)］

●しっかりと準備されていて、みなさん好印象でした。将来の夢(進路)について考えられていない生徒が多いと感じました。

［神奈川・**英理女子学院高**(女)］

●欠席数が多い場合は理由を聞くが、高校ではがんばりたいという気持ちがあれば、それでマイナスになることはないのでがんばってほしい。　　　［埼玉・**淑徳与野高**(女)］

●志望理由に「家から近いから」「併願可能だから」と正直に答える者が一定数いる。本音と建前を使い分けられるといいのだが。

［埼玉・**筑波大学附属坂戸高**(共)］

●想定外の質問に対しての対応力が課題。「わからない」「少し時間が欲しい」などのひと言もないのはＮＧ。

［埼玉・**国際学院高**(共)］

●全体的に質問に答えられており、各中学校での面接指導が行われていると感じた。

［千葉・**中央学院高**(共)］

●中学校で面接練習を行ってきたかどうかはわかります。少しでも練習はしておいた方がよいかと思います。質問に対してしっかり受け答えが出来ていれば、好印象になると思います。

［茨城・**聖徳大学附属取手聖徳女子高**(女)］

面接試験の感想

受験生の感想 [推薦入試編]

●待ち時間が長いので，教室で待っているときは面接ブックを読んでいると良い。とても寒いから，カイロをお腹に貼るとgood。朝ご飯もしっかり食べよう。
[神奈川・**相模女子大学高（女）**]

●情報が少なくて不安だと思うが，笑顔でハキハキと話せばきっと合格できると思う。
[東京・**東京工業大学附属科学技術高（共）**]

●待っている間は緊張していたが，先生の前では思ったよりも緊張しなかった。
[栃木・**白鷗大学足利高（共）**]

●質問に答えると，その答えに対してさらに突っこんだ質問が返されるので，その準備もしておこう。
[東京・**明治大学付属八王子高（共）**]

●面接官の人はすごく優しく質問し，笑顔で話しを聞いてくれたので，緊張がすぐにほぐれた。 [神奈川・**英理女子学院高（女）**]

●在校生が面接待合室で，「優しい先生だから大丈夫！」とはげましてくれたので，緊張せずにすみました。 [東京・**東京高（共）**]

●この本を読んでバッチリ予習しておいたので，全部答えられた。本にはくわしく書いてあったので，こんなにくわしく聞かれるのかと心配し，あがってしまったが，実際にはごく一般的なことしか聞かれず，ほっとした。

おかげで合格できました。
[東京・**文京学院大学女子高（女）**]

●面接の先生がやさしい口調で質問してくださったので，落ち着いて答えることができた。
[東京・**駒場学園高（共）**]

●面接官がくだけた話し方をするのでつられそうになった。 [東京・**正則学園高（男）**]

●思ったよりも変なことは聞かれなかった。普通に受け答えしていれば大丈夫だと思う。
[千葉・**光英VERITAS高（共）**]

●面接官との距離がありすぎて，よく聞きとれなかった。隣の人の声が聞こえて気が散った。 [埼玉・**埼玉栄高（共）**]

●優しい面接官だったので楽しかった。困った質問をされたときも，思ったことをそのまま言ったら笑われてしまった。
[神奈川・**向上高（共）**]

●グループ面接だけど，全員に同じことを聞かれるとは限らない。1人だけ質問が変えられることがあった。（単願）
[埼玉・**獨協埼玉高（共）**]

●1つの教室で2つに分かれてやっていたのでびっくりした。先輩がたが親切でよかった。身じたくは特に注意しよう。時間が短いので言いたいことを伝えきれなかった。
[東京・**淑徳巣鴨高（共）**]

面接試験の感想

受験生の感想 [一般入試編]

●廊下で待っているときは，すごく緊張して足がガタガタ震えた。でもいざ入ったら面接官の人が優しかったので，普通に話せた。
　　　　　　　　　　　　　　　[東京・京華女子高（女）]

●待機しているときは寒さでふるえていたが，高校生が話しかけてくれたので緊張しなかった。
　　　　　　　　　　　　　　　[埼玉・花咲徳栄高（共）]

●調査用紙（面接当日に各自で記入）をもとにした質問がなされるので，いいかげんなことは書かないようにしたらよいと思う。
　　　　　　　　　　　　　[埼玉・慶應義塾志木高（男）]

●前もって答えを用意しておくということと，身だしなみはきちんとする（つめなど）。学校で先生方に面接の練習をしてもらうといいと思った。
　　　　　　　　　　　　　　　[埼玉・秋草学園高（女）]

●面接官は親切に接してくれる。ことばづかいに気をつけ，ありのままの自分を出すことが大事だと思う。
　　　　　　　　　[千葉・植草学園大学附属高（共）]

●細かいところまで突っこまれるので，きちんと答えられるようにしておこう。友だちと練習するのもよいと思う。
　　　　　　　　　　　　　　　[千葉・千葉英和高（共）]

●「中学校生活と高校生活とで変わると思われることは何か」と聞かれ，予想外の質問にびっくりした。　　　[千葉・暁星国際高（共）]

●面接官は親しみやすく，あまり緊張しなかった。私の答えにもていねいにコメントしてくれて，笑わせてくれた。
　　　　　　　　　　　　　　　[東京・帝京大学高（共）]

●予想していなかった質問をされてあせったけど，自分の考えを述べることができればだいじょうぶ。　　　[神奈川・横浜清風高（共）]

●面接ブックに書かれていることを自分なりにまとめたが，あまり聞かれなかった。先生によっても受験生によっても質問はちがうようで，要するに面接は臨機応変，ふだんの生活態度が大切だとつくづく思った。
　　　　　　　　　　　　　　　[神奈川・鵠沼高（共）]

●出願時に提出する個人調査書は，よく考えて書き，覚えておくこと。これをもとに質問されるので，心の準備をしておいたほうがよい。　　　　　　　　　[千葉・麗澤高（共）]

●絶対にうそはつかないほうがいい。突っこんだ質問をされた場合に答えられなくなってしまう。わからないときは「わかりません」のほうが無難。　　　[埼玉・武蔵越生高（共）]

●落ちつけばだいじょうぶ。入学の目標をしっかり持つことが大切。ただし，校則を守れない人は不合格になるみたい。
　　　　　　　　[東京・日本工業大学駒場高（共）]

＊この別冊付録は本体からていねいに抜きとってお使いください。

別冊
付録

主要高等学校

推薦入試 一般入試

面接試験の内容

♣最近の入試での実施状況をまとめたものです。受験する年度の面接の実施状況については，必ず各学校の入試要項でご確認ください。

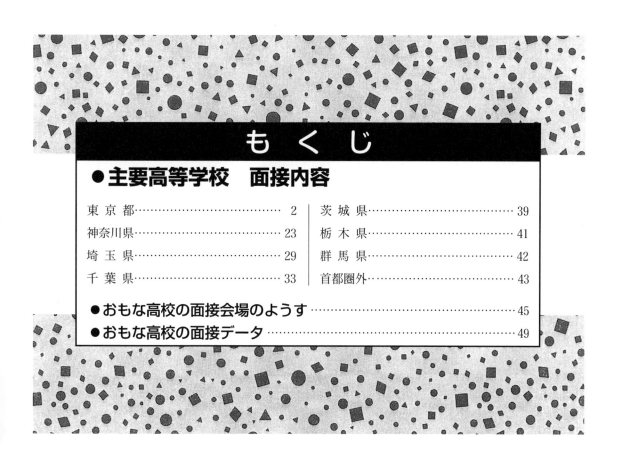

もくじ

●主要高等学校　面接内容

声の教育社

推 薦 ・ 一 般 入 試 の 面 接 内 容

　ここで紹介する面接の内容は，最近の入試での実施状況を，各学校から届いたアンケートをもとに当編集部がまとめたものです。いうまでもなくこれは過去に行われた例ということなのですが，来年度入試でも，大部分の学校が前年に行った面接と同じような形式で実施します。とはいえ，今後，面接を突然に廃止したり，面接の方法を変更する学校もあります。また，面接の内容(試問内容)についても記載以外のことが問われることもあると思われます。というのも，面接はその場のふんいきやなりゆきに左右されることがあるからです。受験する年度の面接の実施状況については，必ず各学校の入試要項でご確認ください。

※質問の表現のしかたなど，くわしくは本文を参照してください。
※(男)は男子校，(女)は女子校，(共)は男女共学校(別学を含む)の略称です。

地域	学校名	試験	面接方法	時間	重視度	面　接　内　容
〔東京都〕						
千	正則学園高等学校（男）	推薦	○個人面接　先生1人	10分	☆ ☆ ☆	(共通)志望理由，入学後の抱負，将来の志望，趣味・特技，中学の思い出，長所短所，関心のあるニュース，学校の印象 ◆しっかり準備をして面接に臨んでいる印象。しかし，自然な会話が出来ていない。その場での対応力には欠けるイメージ。
代		一般	○個人面接　先生1人	8分	☆ ☆	
						(主眼点)推薦・一般…A〜H（特にB，F）
	神田女学園高等学校（女）	推薦 一般	○個人面接　先生2人	15分	☆ ☆	(共通)志望理由，得意不得意科目，入学後の抱負，将来の志望，筆記試験の感想，併願校，クラブ活動・生徒会活動，中学の思い出，出欠状況，長所短所，学校の印象，どこでこの学校を知ったか，一日の学習時間 ◆服装・髪型がきちんとし，あいさつ・おじぎもよくできていた。面接への意識が高く，よく準備されている印象を受けた。 ◆学校の教育方針等については理解度に差があった。 ◇面接官が女性の先生だったので話しやすく感じた。
田						(主眼点)推薦・一般…A〜F，H（特にD，E，H）
	麴町学園女子高等学校（女）	推薦 一般	○個人面接　先生2人	5分	☆ ☆ ☆	(共通)志望理由，通学経路と時間，得意不得意科目，入学後の抱負，将来の志望，クラブ活動・生徒会活動，趣味・特技，中学の思い出，長所短所，自己ＰＲ，学校の印象
						(主眼点)推薦・一般…A〜H
区	東京家政学院高等学校（女）	推薦 一般	○個人面接　先生2人	6分	☆ ☆ ☆	(共通)志望理由，通学経路と時間，入学後の抱負，将来の志望，併願校，クラブ活動・生徒会活動，趣味・特技，長所短所，どこでこの学校を知ったか ◆はきはきと答える受験生が多く，大変気持ちがよかった。 ◆中学校で模擬面接などの練習をしてのぞんでいる生徒もいて，よく受け答えができている。
						(主眼点)推薦・一般…A〜G

※上記重視度の欄は，星3つは極めて重視，星2つは重視，星1つは参考程度を表しています。また，(主眼点)はA→服装，B→態度，C→ことばづかい，D→人柄，E→返答内容，F→意欲，G→教育方針の理解，H→全般的な印象で表してあります。
◆→面接をされた先生の感想，◇→面接をうけた生徒・保護者の感想

地域	学校名	試験	面接方法	時間	重視度	面接内容
千代田区	錦城学園高等学校（共）	推薦一般	○個人面接　先生1人	5〜10分	☆☆☆	（共通）志望理由，通学経路と時間，入学後の抱負，筆記試験の感想，併願校，クラブ活動・生徒会活動，趣味・特技，中学の思い出，出欠状況，長所短所，どこでこの学校を知ったか，中学の校長・担任の名前，どのような勉強をしたか，（A推薦）選択した作文の題 ◆面接を重視してはいるが，面接の結果が合否に関わるような事例は近年ほとんどない。 （主眼点）推薦・一般…A〜H（特にA，B，E，F）
	東洋高等学校（共）	一般	○個人面接　先生1人	5分	☆☆☆	（一般A）志望理由，通学経路と時間，得意不得意科目，入学後の抱負，将来の志望，筆記試験の感想，併願校，クラブ活動・生徒会活動，趣味・特技，中学の思い出，友人，読書，出欠状況，長所短所，関心のあるニュース，自己PR，学校見学・説明会への出席，学校の印象，どこでこの学校を知ったか，一日の学習時間 （主眼点）A〜H（特にA〜F，H）
	二松学舎大学附属高等学校（共）	推薦一般	○個人面接　先生2人	7分	☆☆☆	（共通）志望理由，通学経路と時間，得意不得意科目，入学後の抱負，将来の志望，筆記試験の感想，併願校，クラブ活動・生徒会活動，中学の思い出，出欠状況，長所短所，学校見学・説明会への出席，学校の印象，どこでこの学校を知ったか ◆おおむねよく指導され，良好であった。面接は重視しているが，不合格になるのはまれである。 ◆目を見て，はきはきと話すことができる者が多かった。 （主眼点）推薦・一般…A〜E，G
	和洋九段女子高等学校（女）	一般	○個人面接　先生2人	10分	☆☆	志望理由，得意不得意科目，入学後の抱負，将来の志望，併願校，クラブ活動・生徒会活動，趣味・特技，中学の思い出，長所短所，自己PR，学校の印象 ◆志望理由と自己アピールをきちんと述べられる受験生は好印象を与えられると思います。 ◆塾等の事前指導が徹底されていると感じました。 （主眼点）D〜H（特にD〜F）
	慶應義塾女子高等学校（女）	推薦				※詳細非公表
港区	正則高等学校（共）	推薦一般	○個人面接　先生1人	数分〜10分	☆☆	（共通）志望理由，入学後の抱負，筆記試験の感想，クラブ活動・生徒会活動，中学の思い出，友人，出欠状況，長所短所，学校見学・説明会への出席 ◆自分の成長や課題を率直に，そして具体的に語れること，暗記してきた内容を話すのではなく，面接官のことばを受け止め，それにきちんと答えていくこと，そのような点が大事だと考えている。 ◇中学校での面接練習を大切にしよう。 （主眼点）推薦・一般…A〜H（特にF，G）
	東海大学付属高輪台高等学校（共）	推薦一般	○グループ面接　先生2人　生徒5人	10分	☆☆☆	（共通）志望理由，入学後の抱負，クラブ活動・生徒会活動，趣味・特技，中学の思い出，読書，出欠状況，長所短所，関心のあるニュース ◆志望理由を暗記するだけでなく，本人の言葉で語ってほしい。 ◇中学で，しっかり面接の練習をしておこう。 （主眼点）推薦・一般…A〜H（特にF）

※上記重視度の欄は，星3つは極めて重視，星2つは重視，星1つは参考程度を表しています。また，（主眼点）はA→服装，B→態度，C→ことばづかい，D→人柄，E→返答内容，F→意欲，G→教育方針の理解，H→全般的な印象で表してあります。
◆→面接をされた先生の感想，◇→面接をうけた生徒・保護者の感想

地域	学校名	試験	面接方法	時間	重視度	面接内容
港区	広尾学園高等学校（共）	一般	○個人面接 先生2人	10分		志望理由，得意不得意科目，入学後の抱負，将来の志望，中学の思い出，友人，出欠状況，長所短所，関心のあるニュース ◆説明会やオープンスクールなどに参加して本校をよく理解したうえで受験する生徒が多い。入学後の学習や将来の進路について，しっかりとした目標をもっている印象が強い。 ◆想定外の質問への対応は不十分。また志望理由については個性を出してもらいたい。 （主眼点）A～H
	明治学院高等学校（共）	推薦	○個人面接 先生2人	5分	☆ ☆ ☆	（共通）志望理由，通学経路と時間，得意不得意科目，入学後の抱負，将来の志望，クラブ活動・生徒会活動，趣味・特技，中学の思い出，友人，読書，出欠状況，長所短所，関心のあるニュース，休日のすごし方，学校見学・説明会への出席，学校の印象，どこでこの学校を知ったか，（一般）筆記試験の感想，併願校 ◇緊張して練習どおりにいかなかった。落ちついて頑張って！ （主眼点）推薦・一般…A～H
		一般	○個人面接 先生1人	3分	☆ ☆	
	東京工業大学附属科学技術高等学校（共・国立）	推薦	○個人面接 先生3人	10分	☆ ☆ ☆	志望理由，得意不得意科目，入学後の抱負，将来の志望，長所短所，専門に関する口頭試問 （主眼点）A～F（特にD～F）
新宿区	保善高等学校（男）	推薦 一般	○個人面接 先生1人	5分	☆ ☆ ☆	（共通）志望理由，入学後の抱負，将来の志望，併願校，クラブ活動・生徒会活動，中学の思い出，出欠状況，通学塾，学校見学・説明会への出席，学校の印象 （主眼点）推薦・一般…A～H
	成女高等学校（女）	推薦	○個人面接 先生2人 ○保護者同伴面接 先生2人	5分 10分	☆ ☆ ☆	（共通）志望理由，通学経路と時間，入学後の抱負，将来の志望，中学の思い出，学校の印象，（推薦）家庭の教育方針，家庭での役割・手伝い ◆中学で面接の指導が行き届いているようで，近年は特に問題はない。 （主眼点）推薦・一般…B，D～H
		一般	○個人面接 先生2人	5分	☆ ☆	
	目白研心高等学校（共）	一般	○個人面接 先生2人	4分	☆ ☆	志望理由，得意不得意科目，入学後の抱負，将来の志望，クラブ活動・生徒会活動，趣味・特技，中学の思い出，出欠状況，長所短所，休日のすごし方 ◆質問の主旨をとらえ，自分の考えを述べられる受験生が増えている。 （主眼点）A～C，E，F，H
文京区	京華高等学校（男）	推薦 一般	○個人面接 先生2人	5分	☆ ☆	（共通）志望理由，入学後の抱負，将来の志望，クラブ活動・生徒会活動，長所短所，学校見学・説明会への出席，学校の印象 ◆最も大切な「元気よく答えること」「はっきり答えること」ができない受験生が年々増えているようだ。コミュニケーション能力の大切さを痛感させられる。 ◆態度や服装などはきちんとしているが，自分の言葉で適切に表現する能力が落ちてきているようで心配だ。 ◇意外と質問の数が少なくて安心した。ただ，一つの質問に対して，なるべく多くのことを関連させて話したほうがいいと思う。 （主眼点）推薦・一般…A～C，F（特にA，B）

※上記重視度の欄は、星3つは極めて重視, 星2つは重視, 星1つは参考程度を表しています。また, （主眼点）はA→服装, B→態度, C→ことばづかい, D→人柄, E→返答内容, F→意欲,
G→教育方針の理解, H→全般的な印象で表してあります。
◆→面接をされた先生の感想, ◇→面接をうけた生徒・保護者の感想

地域	学校名	試験	面接方法	時間	重視度	面接内容
文 京 区	京華女子高等学校（女）	推薦一般	○個人面接　先生2人	5分	☆☆☆	（共通）志望理由，得意不得意科目，入学後の抱負，将来の志望，筆記試験の感想，併願校，趣味・特技，中学の思い出，関心のあるニュース，学校の印象 ◆中学などで練習している生徒がほとんどだが，一部全く練習していないと思われる者もいる。 ◇（A推薦）面接官がすごくやさしくてよかった。また，案内している先生や生徒たちもすごく親切で，緊張が少しとけた。 ◇面接会場で待たされるとは思わなかった。ワンパターンの質問はなく，予想外の質問に驚いた。 （主眼点）推薦・一般…A〜F，H（特にH）
	小石川淑徳学園高等学校（女）	推薦一般	○個人面接　先生2人	10分		（共通）志望理由，通学経路と時間，得意不得意科目，入学後の抱負，将来の志望，筆記試験の感想，併願校，クラブ活動・生徒会活動，趣味・特技，中学の思い出，友人，読書，出欠状況，通学塾，関心のあるニュース，家庭での役割・手伝い，学校の印象，どこでこの学校を知ったか，一日の学習時間，校則 （主眼点）推薦・一般…A〜H
	東洋女子高等学校（女）	推薦一般	○個人面接　先生1人	10分	☆	（共通）志望理由，通学経路と時間，得意不得意科目，入学後の抱負，将来の志望，併願校，クラブ活動・生徒会活動，出欠状況 ◆中学校や塾で練習を重ねてきたようで，模範的な回答者が多いようだ。もう少し「自分」を前面に出して積極的にアピールしてほしい。真面目な印象を受ける。 （主眼点）推薦・一般…A〜C，E，H
	文京学院大学女子高等学校（女）	推薦	不明	不明	☆☆☆	志望理由，入学後の抱負，将来の志望，クラブ活動・生徒会活動，趣味・特技，中学の思い出，長所短所，自己PR ◆しっかりとした考えを持っており，充実した中学生活を送ってきたと思われる生徒が多く見受けられた。事前に学校説明会や個別相談などに参加している生徒も多く，本校の校風や教育方針をよく理解し，受験している様子である。 ◇面接官の先生が優しくて，私の緊張をほぐしてくれたので，面接が楽しかった。服装をしっかりして，先生の目を見て話そう。 （主眼点）A〜H（特にB，E，G）
	広尾学園小石川高等学校（共）	推薦一般	○個人面接　先生2人	10分	☆☆	（共通）志望理由，入学後の抱負，長所短所，関心のあるニュース ◇とても先生が優しかった。女の先生は服装をしっかり見ていた。 ◇声はふだんの2倍ぐらいの大きさで話すとGood！ （主眼点）推薦・一般…A〜H
	京華商業高等学校（共）	推薦一般	○グループ面接　{先生2人　生徒2人	10分	☆☆	（共通）志望理由，入学後の抱負，クラブ活動・生徒会活動，中学の思い出 ◆明朗でさわやかな生徒を入学させたい。 （主眼点）推薦・一般…A〜H
	駒込高等学校（共）	一般	○個人面接　先生1人	5分		志望理由，入学後の抱負，将来の志望，クラブ活動・生徒会活動 ◆相手の目を見てしっかりと受け答えができる受験生は，入試成績も比例して良好であった。何を話すかよりも，どう自分を知ってもらうかを考えて発言できた受験生は，必然的に自分の言葉で伝達する能力があったと思う。 ◆しっかりと受け答えのできる生徒が多く，受験生の学力レベル，知的レベルが上がってきたと実感する。 （主眼点）A〜F

※上記重視度の欄は，星3つは極めて重視，星2つは重視，星1つは参考程度を表しています。また，（主眼点）はA→服装，B→態度，C→ことばづかい，D→人柄，E→返答内容，F→意欲，G→教育方針の理解，H→全般的な印象で表してあります。
◆→面接をされた先生の感想，◇→面接をうけた生徒・保護者の感想

地域	学校名	試験	面接方法	時間	重視度	面接内容
文京区	昭和第一高等学校（共）	推薦一般	○個人面接 先生1人	10分	☆ ☆ ☆	**（共通）**志望理由，入学後の抱負，将来の志望，中学の思い出，読書，出欠状況，長所短所，関心のあるニュース，休日のすごし方，自己ＰＲ ◆各中学で面接指導が行われている。志望動機や入学後の抱負など，きちんと答えられる受験生が多かった。 **主眼点** 推薦・一般…A～H（特にC，D，F，H）
	中央大学高等学校（共）	推薦	○個人面接 先生2人	10分	☆ ☆	**（共通）**志望理由，学校見学・説明会への出席，学校の印象，どこでこの学校を知ったか ◆台本通り，練習通りの返答ではなく，自分で考え，自分の言葉で意見を述べてほしい。 **主眼点** 推薦・一般…A～H
		一般	○グループ面接 先生2人 生徒6人	12分	☆ ☆	
	貞静学園高等学校（共）	推薦一般	○個人面接 先生2人	10分	☆	**（共通）**志望理由，入学後の抱負，将来の志望，筆記試験の感想，中学の思い出，出欠状況，**（一般）**併願校 ◆本校の校風を理解し，面接官の質問に対して一生懸命に答え，緊張の中にもひたむきさの感じられる受験生が多く見られた。 ◆練習してきたことを出そうとする態度には毎年心打たれる。その中で，用意してきた答えを「台詞」としてではなく，「自分の言葉」で答える方がやはり好印象。 **主眼点** 推薦・一般…A，C，E～H
	東邦音楽大学附属東邦高等学校（共）	推薦一般	○保護者同伴面接 先生2人	20～30分	☆ ☆ ☆	※詳細非公表 **主眼点** 推薦・一般…A～H
台東区	岩倉高等学校（共）	推薦	○個人面接 先生2人	5分	☆ ☆	※A推薦と一般オープン入試のみ **（共通）**志望理由，通学経路と時間，入学後の抱負，クラブ活動・生徒会活動，中学の思い出，出欠状況，**（一般）**併願校 ◇何か面接という感じがせず，楽しくできました。 **主眼点** 推薦・一般…A～F，H
		一般	○個人面接 先生2人	7分	☆ ☆	
	上野学園高等学校（共）	推薦一般	○個人面接 先生2人	5分	☆	**（共通）**志望理由，得意不得意科目，入学後の抱負，将来の志望，クラブ活動・生徒会活動，中学の思い出，読書 ◆はきはきと自分の意見を述べる受験生がふえている。 ◆受験生は基本的には練習もしてきていた様子で，よく答えられていた。一般の生徒の中には，準備不足の生徒も見受けられた。 **主眼点** 推薦・一般…A～H
	東京藝術大学附属音楽高等学校（共・国立）	一般	○個人面接 先生3人	不明		※詳細は不明 **主眼点** A～E
墨田区	立志舎高等学校（共）	推薦	○個人面接 先生2人	15分	☆ ☆ ☆	**（共通）**志望理由，クラブ活動・生徒会活動，中学の思い出，どこでこの学校を知ったか **主眼点** 推薦・一般…B～H（特にF）
		一般	○個人面接 先生2人	20分	☆ ☆ ☆	

※上記重視度の欄は，星3つは極めて重視，星2つは重視，星1つは参考程度を表しています。また，**主眼点**はA→服装，B→態度，C→ことばづかい，D→人柄，E→返答内容，F→意欲，G→教育方針の理解，H→全般的な印象で表してあります。
◆→面接をされた先生の感想，◇→面接をうけた生徒・保護者の感想

地域	学校名	試験	面接方法	時間	重視度	面接内容
江東区	芝浦工業大学附属高等学校（共）	推薦	○個人面接 先生2人	15〜20分	☆☆	※詳細非公表
		一般	○個人面接 先生2人	5分	☆☆	
						主眼点 推薦・一般…A〜H（特にE〜G）
	中央学院大学中央高等学校（共）	推薦	○個人面接 先生2人	10分		（共通）志望理由, 通学経路と時間, 得意不得意科目, 入学後の抱負, 将来の志望, クラブ活動・生徒会活動, 趣味・特技, 中学の思い出, 出欠状況, 長所短所, 休日のすごし方 ◆言葉や態度が投げやり, 意欲がみられないなどは不合格の対象となる。
		一般	○個人面接 先生1人	5〜10分		
						主眼点 推薦・一般…A〜F, H（特にA〜D, F, H）
	中村高等学校（女）	推薦	○個人面接 先生2人 ○グループ面接 ｛先生2人 生徒3人	10分 20分	☆☆	（共通）志望理由, 入学後の抱負, 将来の志望, クラブ活動・生徒会活動, 読書, 長所短所
		一般	○個人面接 先生3人 ○グループ面接 ｛先生2人 生徒2〜3人	10分 20分	☆☆	
						主眼点 推薦・一般…B, C, F, G（特に推薦のF）
品川区	品川翔英高等学校（共）	推薦 一般	○個人面接 先生1人	5〜10分	☆☆	（共通）志望理由, 入学後の抱負, 将来の志望, 併願校, 風紀や校則 ◆ただ雰囲気がよいというだけでなく, ボランティア活動や幼稚園との交流など, 学園の考え方や校風をよく理解して受験している。 ◆高校生活に対して意欲的な考え方が感じられるか, 面接内でのマナーが身についているかを見ている。
						主眼点 推薦・一般…A, E, G
	品川エトワール女子高等学校（女）	推薦 一般	○個人面接 先生2人	7分	☆☆☆	（共通）志望理由, 入学後の抱負, クラブ活動・生徒会活動, 中学の思い出 ◆面接の基本的なマナーはだいたい守られている様子だが, 明るくハキハキと自己表現できる生徒と, 声が小さく, 人と話をするのが苦手そうな生徒との差が年々拡大しているようである。 ◆目を合わさないで話をする受験生が少なくない。受け答えをする際には相手の目を見て話すほうが, よい印象を受ける。
						主眼点 推薦・一般…A〜H（特にE, F, H）
	品川学藝高等学校（共）	推薦 一般	○個人面接 先生2人	10分	☆☆	（共通）志望理由, 通学経路と時間, 入学後の抱負, 将来の志望, 中学の思い出, 長所短所 ◆制服の下に着用しているセーター（防寒用か？）が, 袖口や上着の下からだらしなく出るような大きいサイズを許している中学校が多いように思った。
						主眼点 推薦・一般…A〜H（特にF）

※上記重視度の欄は, 星3つは極めて重視, 星2つは重視, 星1つは参考程度を表しています。また, **主眼点** はA→服装, B→態度, C→ことばづかい, D→人柄, E→返答内容, F→意欲, G→教育方針の理解, H→全般的な印象で表してあります。
◆→面接をされた先生の感想, ◇→面接をうけた生徒・保護者の感想

地域	学 校 名	試験	面 接 方 法	時間	重視度	面 接 内 容
品川区	朋優学院高等学校（共）	推薦	○個人面接 先生1人	10分	☆☆	志望理由，得意不得意科目，入学後の抱負，クラブ活動・生徒会活動，趣味・特技，中学の思い出，読書，長所短所，関心のあるニュース，休日のすごし方，自己ＰＲ，学校見学・説明会への出席，学校の印象，どこでこの学校を知ったか 主眼点 A～F，H（特にD～F）
目黒区	自由ケ丘学園高等学校（共）	推薦 一般	○個人面接 先生2人	10分	☆☆	(共通)志望理由，入学後の抱負，将来の志望，クラブ活動・生徒会活動，中学の思い出，学校の印象 ◆中学で面接指導されているか否かは，入室時にわかってしまう。 ◆高校生活に対して意欲的な受験生の方が多く見受けられた。
	トキワ松学園高等学校（女）	推薦 一般	○個人面接 先生2人	5分	☆☆	(共通)志望理由，得意不得意科目，入学後の抱負，将来の志望，クラブ活動・生徒会活動，中学の思い出，(一般)筆記試験の感想，出欠状況，どこでこの学校を知ったか ◆全体的にハキハキとした受け答えで，きちんとしていた。 ◆しっかりと対策をしていて，きちんとした生徒が多かった印象。反面で，もっと自分の言葉で話した方がよいと感じることもあった。 主眼点 推薦・一般…A，B，E，H（特にE）
	八雲学園高等学校（共）	推薦	○個人面接 先生1人	3分		志望理由，入学後の抱負，将来の志望，クラブ活動・生徒会活動，中学の思い出 主眼点 F，G（特にF）
	多摩大学目黒高等学校（共）	推薦	○個人面接 先生1人	5分	☆☆	(共通)志望理由，通学経路と時間，得意不得意科目，入学後の抱負，将来の志望，筆記試験の感想，クラブ活動・生徒会活動，中学の思い出，長所短所，関心のあるニュース，学校の印象，中学の校長・担任の名前 ◆中学での指導が行き届いており，言いたいことを自分の言葉で伝えられる受験生がほとんどだった。 主眼点 推薦・一般…A～C，F
		一般	○グループ面接 { 先生1人 生徒5人	7分	☆	
	日本工業大学駒場高等学校（共）	推薦	○個人面接 先生2人	不明	☆	(共通)志望理由，入学後の抱負，将来の志望，中学の思い出，(一般)併願校 ◆難しいことを話す必要はなく，自分の言葉ではきはきと語ってほしい。卒業後の進路についての考え方も重要なポイント。 ◆しっかり練習してきているが，反面，返答がパターン化して想いが伝わってこない。 ◆髪型・服装が少々だらしない生徒には，どうしても目が向いてしまい，印象がよくない。 ◆中学でよく指導して頂いている反面，興味深い返答は少ない。 ◇落ち着けば大丈夫です。入学の目標をしっかり持つことが大切です。ただし，校則を守れない人は不合格になります。 主眼点 推薦・一般…A～H
		一般	○個人面接 先生2人	不明	☆☆	
	目黒日本大学高等学校（共）	推薦	○個人面接 先生2人	5分	☆☆☆	(推薦)志望理由，入学後の抱負 ◇本当にあっという間でした。誰だって面接は緊張するので，ありのままの自分をアピールしてください。 主眼点 推薦・一般…B，E，G（特にG）
		一般	○個人面接 先生1～2人	5～10分	☆☆☆	

※上記重視度の欄は，星3つは極めて重視，星2つは重視，星1つは参考程度を表しています。また，主眼点はA→服装，B→態度，C→ことばづかい，D→人柄，E→返答内容，F→意欲，G→教育方針の理解，H→全般的な印象で表してあります。
◆→面接をされた先生の感想，◇→面接をうけた生徒・保護者の感想

地域	学 校 名	試験	面 接 方 法	時間	重視度	面 接 内 容
大田区	羽田国際高等学校（共）※2024年度より校名変更・共学化	推薦一般	○個人面接　先生2人	10分	☆☆	※詳細は不明
大田区	大森学園高等学校（共）	推薦	○個人面接　先生2人	5〜10分	☆☆☆	志望理由，入学後の抱負，クラブ活動・生徒会活動，趣味・特技，出欠状況，長所短所 (主眼点) A〜D，F〜H（特にF）
大田区	東京高等学校（共）	推薦	○個人面接　先生2人	5分	☆☆☆	(共通)志望理由，入学後の抱負，将来の志望，クラブ活動・生徒会活動，中学の思い出，出欠状況，学校見学・説明会への出席，学校の印象，どこでこの学校を知ったか ◇待っている間，緊張で足がふるえてしまったけれど，在校生が声をかけてくれたので気が楽になった。面接官の先生はとてもニコニコしていて話しやすかったので，あっという間に終わってしまった。 (主眼点) 推薦・一般…A〜H（特にA〜C，F）
		一般	○個人面接　先生2〜3人	5〜10分	☆☆☆	
大田区	日本体育大学荏原高等学校（共）	推薦一般	○個人面接　先生2人	5分	☆☆☆	(共通)志望理由，入学後の抱負，出欠状況 ◆面接を非常に重視しており，必要とみなせば時間をかけてでも話を聞くようにしている。 (主眼点) 推薦・一般…A〜H（特にA〜C，E，F）
大田区	立正大学付属立正高等学校（共）	推薦	○個人面接　先生1人	5分	☆	(共通)志望理由，入学後の抱負，将来の志望，中学の思い出，（一般）併願校，出欠状況 ◆練習してきた内容に関してはしっかりと答えられるが，質問の仕方・内容を少々変えると返答に困っていた印象がある。 (主眼点) 推薦・一般…A〜H（特にA〜F，H）
		一般	○個人面接　先生1人	5分	☆☆☆	
世田谷区	世田谷学園高等学校（男）	推薦一般	○個人面接　先生2人	5分	☆☆	※詳細は不明
世田谷区	日本学園高等学校（男）※2026年度より校名変更・共学化	推薦一般（特進）	○個人面接　先生2人	10分	☆☆☆	(共通)志望理由，入学後の抱負，将来の志望，出欠状況，学校の印象，どこでこの学校を知ったか ◆面接でチェックのついた生徒は，再度他の教員が面接を行う。 (主眼点) 推薦・一般…A，B，F，G（特にB，F）
		一般（進学）	○グループ面接{ 先生2人 生徒5人	10分	☆☆☆	

※上記重視度の欄は，星3つは極めて重視，星2つは重視，星1つは参考程度を表しています。また，(主眼点)はA→服装，B→態度，C→ことばづかい，D→人柄，E→返答内容，F→意欲，G→教育方針の理解，H→全般的な印象で表してあります。
◆→面接をされた先生の感想，◇→面接をうけた生徒・保護者の感想

地域	学 校 名	試験	面 接 方 法	時間	重視度	面 接 内 容
世 田 谷 区	国本女子高等学校 （女）	推薦 一般	○グループ面接 ｛先生2人 　生徒4人	20分	☆ ☆	(共通)志望理由，得意不得意科目，入学後の抱負，将来の志望，筆記試験の感想，クラブ活動・生徒会活動，趣味・特技，中学の思い出，友人，長所短所，関心のあるニュース，家庭での役割・手伝い，学校見学・説明会への出席，学校の印象 ◆言葉遣いや態度など，しっかり練習して試験に臨んでいる受験生がほとんど。入学したいという思いや理由も，具体的に話せている。 ◇先生方が優しくて，言葉につかえた時も，「リラックス，リラックス。落ち着いてね」と言ってくれた。しかし，2時間も面接の番を待ったのにはまいった。在校生が服装をチェックしていたようだ。 (主眼点)推薦・一般…A〜G（特にD，F）
	佼成学園女子高等学校 （女）	推薦	○個人面接 先生2人	5分	☆ ☆ ☆	(共通)志望理由，入学後の抱負，中学の思い出，(推薦)趣味・特技 ◆事前によく練習している様子が態度などからよくわかり，ほとんどの受験生がこちらの要求をクリアーできている。 ◇ろうかで待っている時は寒くてしようがなかった。防寒対策も怠らないように。携帯カイロは持っていくべし。 (主眼点)推薦…A〜H（特にA〜F，H），一般…A〜H（特にA〜C）
		一般	○グループ面接 ｛先生2人 　生徒5人	8〜 10分	☆	
	下北沢成徳高等学校 （女）	推薦 一般	○グループ面接 ｛先生2人 　生徒5人	10分	☆	(共通)志望理由，入学後の抱負，将来の志望，クラブ活動・生徒会活動，中学の思い出，読書，関心のあるニュース ◆練習をしっかりとしてきている受験生が多い印象。 ◇在校生が話しかけてくれたのであまり緊張はしなかった。それほどつっこんだ質問はなかったが，面接官によって違うらしい。相手の目を見て素直に答えるのがいいと思う。少しくらいのミスは気にしないで，正直に自信を持って臨もう！ (主眼点)推薦・一般…A〜H
	玉川聖学院高等部 （女）	推薦	○個人面接 先生2人	15分	☆ ☆	(共通)入学後の抱負，中学の思い出，(推薦)志望理由，併願校，どこでこの学校を知ったか ◆受験生が中学での3年間を大切に過ごしてきたほか，本校での新しい出会いや体験に期待を持っていることがうかがえ，総じて好印象だった。 (主眼点)推薦・一般…A，B，E〜H
		一般	○グループ面接 ｛先生2人 　生徒3人	15分	☆	
	日本女子体育大学附属二階堂高等学校 （女）	推薦	○個人面接 先生2人	10分	☆ ☆ ☆	(共通)志望理由，入学後の抱負，将来の志望，クラブ活動・生徒会活動，中学の思い出，長所短所，関心のあるニュース，自己PR，(一般)併願校 ◆十分に練習をし，対策をしている受験生は評価が高い傾向にある。また，一般入試で，対策が不十分だと感じる受験生が見受けられたので，しっかりと準備をして臨んでもらいたい。 (主眼点)推薦・一般…C〜H（特にE〜G）
		一般	○個人面接 先生2人	10分	☆ ☆	
	国士舘高等学校 （共）	推薦	○個人面接 先生2人	5〜 10分	☆	※詳細非公表 ◆入学後のことや，将来のことについて考えて話すなど，自己PRのうまい受験生が増えてきた。 (主眼点)A〜H

※上記重視度の欄は，星3つは極めて重視，星2つは重視，星1つは参考程度を表しています。また，(主眼点)はA→服装，B→態度，C→ことばづかい，D→人柄，E→返答内容，F→意欲，G→教育方針の理解，H→全般的な印象で表してあります。
◆→面接をされた先生の感想，◇→面接をうけた生徒・保護者の感想

地域	学校名	試験	面接方法	時間	重視度	面接内容
世 田 谷 区	駒場学園高等学校（共）	推薦	○個人面接 先生2人	5分	☆	(共通)志望理由，入学後の抱負，将来の志望，中学の思い出
		一般	○個人面接 先生1人	5分	☆☆	
						(主眼点)推薦・一般…A，B，F
	松蔭大学附属松蔭高等学校（共）	推薦	○個人面接 先生1人	6〜8分	☆☆☆	(共通)志望理由，通学経路と時間，得意不得意科目，入学後の抱負，将来の志望，筆記試験の感想，クラブ活動・生徒会活動，趣味・特技，中学の思い出，友人，読書，出欠状況，通学塾，長所短所，家庭の教育方針，関心のあるニュース，休日のすごし方，家庭での役割・手伝い，学校の印象，一日の学習時間，一般常識
		一般	○個人面接 先生1人	5〜6分	☆	
						(主眼点)推薦・一般…A〜H（特にD〜F，H）
	成城学園高等学校（共）	推薦	○個人面接 先生2人	10分	☆☆	※推薦のグループ面接は，受験生のディスカッションを先生が見守る形式。 (共通)志望理由，通学経路と時間，得意不得意科目，入学後の抱負，将来の志望，クラブ活動・生徒会活動，中学の思い出，学校の印象，どこでこの学校を知ったか，(推薦)自己ＰＲ，学校見学・説明会への出席 ◇「わかりません」でもいいから，質問に対して答えておこう。朝，新聞を読んでおくといいかも。
			○グループ面接 生徒6〜7人	30分		
		一般	○個人面接 先生2人	20分		
						(主眼点)推薦・一般…E〜G（特にE）
	大東学園高等学校（共）	推薦 一般	○個人面接 先生2人	5分	☆☆☆	(共通)志望理由，入学後の抱負，中学の思い出 ◆本校では説明会参加を基本としている。教育方針，教育内容を理解した上で志願してもらう。その点で，自分の学ぶ意欲を面接の場で表現する受験生が多かったように感じられた。 ◆中学でよく練習してきている印象をうけるが，少しつっこんで質問すると，自分の頭で考え，自分の言葉で答えられないケースが増えてきている。
						(主眼点)推薦・一般…A〜H
	日本大学櫻丘高等学校（共）	推薦	○グループ面接 {先生2人 生徒2人	5分	☆☆☆	(共通)志望理由，得意不得意科目，入学後の抱負，将来の志望，クラブ活動・生徒会活動，中学の思い出，長所短所，自己ＰＲ，(一般)筆記試験の感想 ◆暗記したことをただ話すだけという生徒もいるが，逆に，好感のもてる話し方をする受験生も増えている。 ◆男子に比べ，女子の受け答えが明確である者が目立った。 ◇もっといろいろ聞かれるかと思ったが，あっという間に終わってしまった。
		一般	○グループ面接 {先生2人 生徒4人	5分	☆☆☆	
						(主眼点)推薦・一般…A，B，D，F（特にF，G）
	三田国際学園高等学校（共）	国際生	○個人面接	10分		※詳細は不明

※上記重視度の欄は，星3つは極めて重視，星2つは重視，星1つは参考程度を表しています。また，(主眼点)はA→服装，B→態度，C→ことばづかい，D→人柄，E→返答内容，F→意欲，G→教育方針の理解，H→全般的な印象で表してあります。
◆→面接をされた先生の感想，◇→面接をうけた生徒・保護者の感想

地域	学校名	試験	面接方法	時間	重視度	面接内容
渋谷区	富士見丘高等学校（女）	推薦	○個人面接 先生2人	15分	☆ ☆ ☆	志望理由，通学経路と時間，得意不得意科目，入学後の抱負，将来の志望，クラブ活動・生徒会活動，趣味・特技，中学の思い出，出欠状況，長所短所，学校見学・説明会への出席，学校の印象 ◆本校で学びたいという意欲が強く感じられる受験生に会うとうれしくなる。 ◆WILL（意志・意欲）を最重視している面接だけに，その点はしっかりおさえた返答が多く，好ましかった。 ◇この本を参考にいろいろと考えて行きましたが，本番は緊張でいっぱいでした。先生方が優しくフォローしてくださるので，多少の失敗は大丈夫！　校内を誘導する先輩も声をかけてくれました。入学後の諸注意を言われたのには驚きました。 （主眼点）A，B，E〜H（特にF，G）
	青山学院高等部（共）	推薦	○個人面接 先生2人	10分	☆ ☆	※詳細非公表 ◇事前に書く作文の内容をしっかり覚えておくといい。笑顔を絶やさずに話そう。
	関東国際高等学校（共）	推薦	○保護者同伴面接	10分	☆ ☆ ☆	※詳細は不明
		一般	○個人面接	10分	☆ ☆ ☆ ☆	
中野区	明治大学付属中野高等学校（男）	推薦	○個人面接 先生2人	10分	☆	※詳細非公表
	宝仙学園高等学校（女）（共）	共学部 B推薦	○個人面接 先生2人	15分	☆ ☆	※詳細非公表
	実践学園高等学校（共）	推薦	○個人面接 先生3人	5分	☆ ☆	（共通）志望理由，筆記試験の感想，趣味・特技，中学の思い出，長所短所 ◆明るく礼儀正しい受験生が多かったほか，発言や内容にも前向きさと意欲が感じられ，好印象だった。 ◇面接時間は短かったけど，この本を読んでおいて助かった〜。 （主眼点）推薦・一般…A〜H（特にE，F）
		一般	○グループ面接 ⎰先生3人 ⎱生徒5人	10分	☆ ☆	
	東亜学園高等学校（共）	推薦	○個人面接 先生1人	5分	☆ ☆ ☆	（共通）志望理由，入学後の抱負，将来の志望，クラブ活動・生徒会活動，中学の思い出 ◇「何のために勉強しているのか」「幸福とは何か」など，ふだんから考えておかないと答えられないような質問をされて困った。 （主眼点）推薦・一般…A〜C，E，F（特にA〜C）
		一般	○グループ面接 ⎰先生2人 ⎱生徒10人	15分	☆ ☆ ☆	

※上記重視度の欄は，星3つは極めて重視，星2つは重視，星1つは参考程度を表しています。また，（主眼点）はA→服装，B→態度，C→ことばづかい，D→人柄，E→返答内容，F→意欲，G→教育方針の理解，H→全般的な印象で表してあります。
◆→面接をされた先生の感想，◇→面接をうけた生徒・保護者の感想

地域	学校名	試験	面接方法	時間	重視度	面接内容
中野区	堀越高等学校（共）	推薦一般	○個人面接 先生2人	5〜10分	☆☆☆	（共通）志望理由，入学後の抱負，中学の思い出，学校の印象，どこでこの学校を知ったか，（一般）筆記試験の感想，併願校 ◆高校生活での目標や力を入れてとり組みたいことなどを，ハキハキと答えられるとよい。 ◆事前に学校説明会や見学会に参加している受験生が，高校入学後の具体的な目標などの話ができる。まったく見学などをしていない者との差は，はっきりと出る。 （主眼点）推薦・一般…A〜H
杉並区	女子美術大学付属高等学校（女）	推薦	○個人面接 先生2人	10分	☆☆	（共通）志望理由，通学経路と時間，入学後の抱負，中学の思い出，長所短所，自己PR，学校の印象，どこでこの学校を知ったか ◆美術方面への目標をしっかりもって受験する生徒がほとんどなので，はっきりと自分の言葉で将来の抱負などを話せる受験生が多い。 ◇大きな声ではっきりと答えるとよい。 （主眼点）推薦・一般…C，E〜H（特にF，G）
		一般	○個人面接 先生1人	3分	☆☆	
	国学院大学久我山高等学校（共）	推薦	○個人面接 先生2人	5〜7分	☆☆☆	志望理由，得意不得意科目，入学後の抱負，将来の志望，趣味・特技，中学の思い出，長所短所 ◆推薦されてくるだけに，しっかりとした受け答えができるが，話題が自分にとって興味のあることになると，ついふだんの口調が出てしまうこともあった。 （主眼点）A〜H
	杉並学院高等学校（共）	推薦	○グループ面接 先生1人 生徒6人	10分	☆☆	※詳細非公表 ◆ほとんどの生徒が練習してきており，ソツのない答えが返ってきた。 ◆しっかりと答えてくれれば問題はない。多くの受験生が志望理由等をきちんと返答できていてよかったと思う。 ◇準備をしっかりしておいてよかった。 （主眼点）推薦・一般・併願優遇…A〜H
		一般	○個人面接 先生1人	5分	☆☆	
		併願優遇	○グループ面接 先生1人 生徒6人	10分	☆☆	
	中央大学杉並高等学校（共）	推薦	○個人面接 先生2人	3分	☆☆☆	※与えられたテーマに対して考えをまとめて話す形式。過去に出題されたテーマは「結果と過程ではどちらが大切か」「幸せであるために必要なものは何か」など。 ◆提示されたテーマに対して自分の意見をいう，という面接の形式にとまどう受験生がいた。 （主眼点）A〜H（特にE）
	日本大学第二高等学校（共）	推薦	○個人面接 先生2人	10分	☆☆	志望理由，通学経路と時間，得意不得意科目，入学後の抱負，将来の志望，筆記試験の感想，クラブ活動・生徒会活動，趣味・特技，中学の思い出，友人，読書，出欠状況，長所短所，関心のあるニュース，学校見学・説明会への出席，学校の印象，どこでこの学校を知ったか，一日の学習時間 （主眼点）F
	日本大学鶴ケ丘高等学校（共）	推薦一般	○個人面接 先生1人	5分	☆☆☆	（共通）志望理由，入学後の抱負 ◇事前に記入した面接カードに基づく質問だったので，あまり悩まずに答えることができました。面接カードにはむずかしいことを書かないほうがよいみたい。 ◇面接官はみんな優しいので緊張する必要はないです。面接を楽しんで！ （主眼点）推薦・一般…A〜H

※上記重視度の欄は，星3つは極めて重視，星2つは重視，星1つは参考程度を表しています。また，（主眼点）はA→服装，B→態度，C→ことばづかい，D→人柄，E→返答内容，F→意欲，G→教育方針の理解，H→全般的な印象で表してあります。
◆→面接をされた先生の感想，◇→面接をうけた生徒・保護者の感想

地域	学校名	試験	面接方法	時間	重視度	面接内容
豊島区	立教池袋高等学校（男）	一般	○個人面接 先生3人	10分	☆☆☆	※詳細は不明
	川村高等学校（女）	推薦 一般	○個人面接 先生2人	5分	☆	(共通)志望理由，通学経路と時間，入学後の抱負，将来の志望，クラブ活動・生徒会活動，趣味・特技，中学の思い出，(一般)筆記試験の感想，併願校 ◆本校入学後に入部したいクラブや大学進学の目標など，高校生活への意欲で前向きな姿勢が見られた。また，本校の校風を理解していることも確認できた。 (主眼点)推薦・一般…B，C，F
	淑徳巣鴨高等学校（共）	A推薦	○個人面接 先生2人	5分	☆	志望理由，入学後の抱負，将来の志望，クラブ活動・生徒会活動，中学の思い出，読書，長所短所，関心のあるニュース ◆メールが普及したせいか，言葉での受け答えが不得意と思われる受験生が多い。 ◆敬語が使えないだけでなく，雑談をしているかのように話す受験生が増えたという印象がある。 ◇1つの教室で2つに分かれてやっていたのでびっくりした。先輩がたが親切でよかった。身だしなみは特に注意しよう。時間が短いので，言いたいことを伝えきれなかった。 (主眼点)B，D，F，H
	城西大学附属城西高等学校（共）	推薦 一般	○グループ面接 { 先生2人 生徒5人	25分	☆☆	(共通)志望理由，入学後の抱負，将来の志望，クラブ活動・生徒会活動，趣味・特技，中学の思い出，友人，長所短所，休日のすごし方，自己PR，学校の印象，(一般)出欠状況 (主眼点)推薦・一般…A～H
北区	昭和鉄道高等学校（共）	推薦	○個人面接 先生1人	3分	☆☆☆	(共通)志望理由，通学経路と時間，入学後の抱負，将来の志望，中学の思い出 ◆本校の特色上，将来の進路等に強い希望のある生徒がほとんどで，服装や身だしなみの乱れもなく，できれば全員合格にしてあげたいと思いつつ応援の心で面接を行っている。 ◆特色のある本校に入学し，将来の夢をかなえたいという熱意ある受験生がほとんどである。 (主眼点)推薦・一般…A～H（特にD～F）
		一般	○個人面接 先生1人	3～5分	☆☆☆	
	豊南高等学校（共）	推薦	○個人面接 先生1人	10分	☆	※併願優遇は面接なし。 (共通)志望理由，中学の思い出，学校の印象
		一般	○個人面接 先生1人	10分	☆☆	◆説明会にも熱心に出席し，志望理由などについてもきちんと言える生徒が多くなった。反面，中学校での模擬面接の結果か，自分をうまく飾る，優等生的な答えが目につく。もっと個性があってもよいように思う。 ◇緊張したけど，アッというまに終わった。
	聖学院高等学校（男）	推薦 一般	○個人面接 先生3人	20分	☆☆☆	(共通)志望理由，入学後の抱負，趣味・特技，中学の思い出，長所短所 (主眼点)推薦・一般…D～F（特にD）

※上記重視度の欄は，星3つは極めて重視，星2つは重視，星1つは参考程度を表しています。また，(主眼点)はA→服装，B→態度，C→ことばづかい，D→人柄，E→返答内容，F→意欲，G→教育方針の理解，H→全般的な印象で表してあります。
◆→面接をされた先生の感想，◇→面接をうけた生徒・保護者の感想

地域	学校名	試験	面接方法	時間	重視度	面接内容
北	安部学院高等学校（女）	推薦一般	○個人面接 先生2人	15分	☆ ☆ ☆	(共通)志望理由，通学経路と時間，得意不得意科目，入学後の抱負，将来の志望，筆記試験の感想，併願校，クラブ活動・生徒会活動，趣味・特技，中学の思い出，友人，出欠状況，長所短所，学校見学・説明会への出席，学校の印象，どこでこの学校を知ったか ◆全体的に意欲的な受験生が多い。 (主眼点)推薦・一般…A〜H（特にD，F）
	瀧野川女子学園高等学校（女）	推薦一般	○個人面接 先生2人	3分	☆ ☆	(共通)志望理由，入学後の抱負，将来の志望，中学の思い出 (主眼点)推薦…A〜H，一般…A〜E，G，H
	サレジアン国際学園高等学校（共）	推薦	○個人面接 先生1人	10分	☆	志望理由，得意不得意科目，入学後の抱負，クラブ活動・生徒会活動，趣味・特技，中学の思い出，読書，出欠状況，長所短所，関心のあるニュース，学校見学・説明会への出席，学校の印象，どこでこの学校を知ったか (主眼点)A〜H（特にD〜F）
	順天高等学校（共）	推薦一般	○個人面接 先生2人	10分	☆ ☆	※2023年度は面接を筆記による記述式で行った。 (共通)志望理由，将来の志望，自己PR，探究授業について ◇上手に答えようと考えずに，「この学校に入りたいんだ」という気持ちを素直に表現したらいいと思う。 ◇答えていくうちに早口になってしまわないように気をつけよう。 (主眼点)推薦・一般…A〜H（特にE，F，H）
	駿台学園高等学校（共）	一般	○個人面接 先生2人	5分	☆ ☆	志望理由，通学経路と時間，得意不得意科目，入学後の抱負，将来の志望，クラブ活動・生徒会活動，趣味・特技，中学の思い出，友人，出欠状況，長所短所，休日のすごし方，学校見学・説明会への出席，学校の印象 ◇面接は緊張しすぎないようにしよう。ただし，楽にしすぎて失礼にならないように。 (主眼点)A〜F，H（特にB，C）
区	成立学園高等学校（共）	推薦一般	○グループ面接 { 先生2人 { 生徒5人	5分	☆ ☆	(共通)志望理由，入学後の抱負，中学の思い出 ◆中学校での面接指導に力が入れられているようだ。しかし，近年は練習をしてこなかった生徒も見受けられる。 ◆事前に面接練習を積んでいる生徒が多いと感じた。 ◇はじめは緊張したけど，入室すると緊張がほぐれて気が楽になった。 (主眼点)推薦・一般…A〜H
	武蔵野高等学校（共）	推薦	○グループ面接 { 先生2人 { 生徒4人	10分		(共通)志望理由，入学後の抱負，将来の志望，中学の思い出，出欠状況，学校の印象 ◆本校の入試説明会に早い時期から複数回参加している受験生はおおむね自然な感じの受け答えができていたようだ。早めに入試説明会に参加されることをすすめる。 ◆面接の練習をやっているようだが，表面的な答えや礼儀作法を用意するのではなく，今までの自分のよい点や，いたらなかった部分をじっくりと考え，高校生活にどう生かしていきたいかを話してほしい。 (主眼点)推薦・一般…A〜H（特にB，D，F）
		一般	○個人面接 先生2人	10分		

※上記重視度の欄は，星3つは極めて重視，星2つは重視，星1つは参考程度を表しています。また，(主眼点)はA→服装，B→態度，C→ことばづかい，D→人柄，E→返答内容，F→意欲，G→教育方針の理解，H→全般的な印象で表してあります。
◆→面接をされた先生の感想，◇→面接をうけた生徒・保護者の感想

地域	学校名	試験	面接方法	時間	重視度	面接内容
荒川区	北豊島高等学校（女）	推薦一般	○グループ面接 ┌先生2人 └生徒3〜4人	15分	☆ ☆	(共通)志望理由，入学後の抱負，筆記試験の感想，クラブ活動・生徒会活動，趣味・特技，長所短所，学校の印象，どこでこの学校を知ったか，一日の学習時間 ◆全員，大変意欲的で，本校についてもよく調べており，好感の持てる生徒ばかりだった。 ◆出身中学校でしっかりと練習してきた生徒が多いと感じる。 (主眼点)推薦・一般…A〜H（特にE〜G）
板橋区	城北高等学校（男）	推薦	○個人面接 先生3人	10分		志望理由，入学後の抱負 (主眼点)A〜H
板橋区	淑徳高等学校（共）	推薦一般	○グループ面接 ┌先生1人 └生徒2〜3人	20分	☆	(共通)志望理由，通学経路と時間，得意不得意科目，入学後の抱負，将来の志望 ◆全体的に明るく元気よく礼儀正しく対応できている受験生が多いように感じられます。 ◇意外と緊張しなかった。面接官の人がとても優しかったので，気楽にやれました。 (主眼点)推薦・一般…A〜F，H
板橋区	大東文化大学第一高等学校（共）	推薦一般	○グループ面接 ┌先生1人 └生徒5人 ○個人面接 先生2人 ※グループ面接か個人面接かは出願内容により変わる。	15分 10分	☆ ☆ ☆ ☆	(共通)志望理由，通学経路と時間，得意不得意科目，入学後の抱負，将来の志望，筆記試験の感想，併願校，クラブ活動・生徒会活動，趣味・特技，読書，出欠状況，関心のあるニュース，自己PR，学校の印象 ◆志望理由など，大変すばらしくまとめて来ている。よく練習（指導）しているのであろう。 ◆同じ中学の受験生グループの面接が続くことがある（出願日時が重なるため）。そのような場合，知っている生徒の返答に首をかしげたり，笑いだす者もいたりして好印象を持ちにくくなる。同じ中学のグループになった場合，気のゆるみがないようにしたいもの。返答か全く同じになる場合もあるので，自分の考えを話して欲しい。 ◆男子も女子同様に返答が長くなっている。 (主眼点)推薦・一般…A〜H
板橋区	帝京大学系属帝京高等学校（共）	推薦一般	○グループ面接 ┌先生2人 └生徒5人 ※インターナショナルコースは英語個人面接も実施。	10分	☆ ☆ ☆	(共通)志望理由，入学後の抱負，将来の志望，中学の思い出 ◆服装・髪型・言葉遣いなど，面接にきていることを忘れているような生徒がいた。 (主眼点)推薦・一般…A〜F，H（特にA，B）
練馬区	早稲田大学高等学院（男）	自己推薦	○個人面接 先生3人	30分	☆ ☆ ☆	※詳細は不明
練馬区	東京女子学院高等学校（女）	推薦一般	○個人面接 先生2人	10分		(共通)志望理由，通学経路と時間，得意不得意科目，入学後の抱負，将来の志望，筆記試験の感想，クラブ活動・生徒会活動，趣味・特技，長所短所，(一般)併願校 ◆受験生は本校の説明会にほとんどの方が参加しており，校風等理解したうえで挑むので，緊張感はあるものの，事前に対策し考え方や準備の方法を工夫しているように感じる。 ◇矢継ぎ早に質問されて，とてもドキドキした。 (主眼点)推薦・一般…A〜H（特にA，B）

※上記重視度の欄は，星3つは極めて重視，星2つは重視，星1つは参考程度を表しています。また，(主眼点)はA→服装，B→態度，C→ことばづかい，D→人柄，E→返答内容，F→意欲，G→教育方針の理解，H→全般的な印象で表してあります。
◆→面接をされた先生の感想，◇→面接をうけた生徒・保護者の感想

地域	学校名	試験	面接方法	時間	重視度	面接内容
足立区	足立学園高等学校（男）	推薦一般	○個人面接 先生2人	5分	☆☆	**(共通)**志望理由，入学後の抱負，将来の志望，併願校，中学の思い出 ◆みんな，はきはきとしっかり答えていました。 **主眼点** 推薦・一般…A〜H
	潤徳女子高等学校（女）	一般	○個人面接 先生2人	15分	☆☆	入学後の抱負，将来の志望，筆記試験の感想，中学の思い出，友人，出欠状況，長所短所 ◆面接練習をキッチリしてきており，面白みがうすれてきている。練習以外の部分で本人の性格が出てくるので，そこをうまく引き出せるよう努力している。 ◆緊張している受験生には，答えやすい質問から入り，できるだけ素が出るように努めている。明るくハキハキと答える受験生は好印象で，面接時間も短くなる。 ◇入室・退室を重視しているようなので，しっかり練習しておきましょう。 **主眼点** A〜H（特にE，F）
葛飾区	共栄学園高等学校（共）	推薦一般	○個人面接 先生2人	3分	☆	**(共通)**志望理由，通学経路と時間，得意不得意科目，入学後の抱負，将来の志望，筆記試験の感想，併願校，クラブ活動・生徒会活動，趣味・特技，中学の思い出 ◇面接の流れが早く，ぱっぱと終わったので緊張するひまもなかった。小さい声で話さず，自信を持って堂々と質問に答えよう。 ◇先生は優しかったが油断は禁物。もうひとりの先生が態度などを見ているので…。 **主眼点** 推薦・一般…A〜H
	修徳高等学校（共）	推薦	○個人面接 先生1人	5分	☆☆☆	**(共通)**志望理由，通学経路と時間，得意不得意科目，入学後の抱負，将来の志望，筆記試験の感想，併願校，クラブ活動・生徒会活動，中学の思い出，長所短所，学校見学・説明会への出席
		一般	○個人面接 先生2人	5分	☆☆☆☆	**主眼点** 推薦・一般…A
江戸川区	愛国高等学校（女）	推薦一般	○保護者同伴面接 先生1人	10分	☆☆☆	※詳細は不明 **主眼点** 推薦・一般…A〜H
	江戸川女子高等学校（女）	A推薦	○個人面接 先生2人	10分	☆	志望理由，入学後の抱負，将来の志望，クラブ活動・生徒会活動，中学の思い出，自己PR，学校の印象，どこでこの学校を知ったか ◆どの受験生もしっかり準備して面接に臨んでくれている印象を受けます。 **主眼点** A〜H
	関東第一高等学校（共）	推薦一般	○個人面接 先生1人	3分	☆☆	**(共通)**志望理由，得意不得意科目，入学後の抱負，将来の志望，クラブ活動・生徒会活動，中学の思い出，長所短所 ◆受験票の写真と試験当日の本人とで，髪の長さ，色など，印象の違う者がいる。 ◆染髪・長髪・まゆそり・ピアス・服装の乱れ・校則違反は非常に印象が悪い。 **主眼点** 推薦・一般…A〜H（特にA〜C）

※上記重視度の欄は，星3つは極めて重視，星2つは重視，星1つは参考程度を表しています。また，**主眼点**はA→服装，B→態度，C→ことばづかい，D→人柄，E→返答内容，F→意欲，G→教育方針の理解，H→全般的な印象で表してあります。
◆→面接をされた先生の感想，◇→面接をうけた生徒・保護者の感想

地域	学校名	試験	面接方法	時間	重視度	面接内容
八王子市	共立女子第二高等学校（女）	推薦一般	○個人面接　先生2人	5〜10分	☆☆	(共通)志望理由，入学後の抱負，将来の志望，筆記試験の感想，趣味・特技，中学の思い出，長所短所，関心のあるニュース，自己PR ◆みな十分に準備をして臨んでいるように感じます。 　(主眼点)推薦・一般…A〜C，E，F
	東京純心女子高等学校（女）	推薦	○個人面接　先生2人	15分		志望理由，入学後の抱負，将来の志望，クラブ活動・生徒会活動，中学の思い出，通学塾，学校の印象，どこでこの学校を知ったか ◆相手の目を見て，きちんとした言葉遣いで，ハキハキと答える生徒が多かった。事前の指導がよくできているという印象。 　(主眼点)A〜H（特にE〜G）
	工学院大学附属高等学校（共）	推薦一般	○個人面接　先生1人	5分	☆	(共通)志望理由，得意不得意科目，入学後の抱負，将来の志望，中学の思い出 ◆きちんと事前練習している受験生が多い。 　(主眼点)推薦・一般…A〜H
	聖パウロ学園高等学校（共）	推薦一般	○個人面接　先生1人	10分	☆☆☆	(共通)志望理由，通学経路と時間，得意不得意科目，入学後の抱負，将来の志望，筆記試験の感想，クラブ活動・生徒会活動，趣味・特技，中学の思い出，友人，読書，長所短所，関心のあるニュース，休日のすごし方，家庭での役割・手伝い，学校の印象，どこでこの学校を知ったか，中学の校長・担任の名前，インターネット・SNS，一日の学習時間 ◆練習してきた受験生が多いようだが，答えがあまりにもパターン化しすぎて印象がうすいケースが見受けられる。もっと自分の言葉で自分の考えをはっきりと出してほしい。 　(主眼点)推薦・一般…A〜H（特にA〜F，H）
	帝京八王子高等学校（共）	推薦一般	○個人面接　先生1人	3分		(共通)志望理由，得意不得意科目，入学後の抱負，将来の志望，クラブ活動・生徒会活動，趣味・特技，中学の思い出，長所短所 ◆画一的な答えが多い。 　(主眼点)推薦・一般…A〜H
	八王子実践高等学校（共）	推薦	○個人面接　先生2人	10分		(共通)志望理由，入学後の抱負，中学の思い出，長所短所 ◆落ちついた生徒が多い。 ◇待ち時間が長い。高校の生徒が面接会場へ誘導してくれた。 ◇面接の前に，特技や家族構成などについてアンケート用紙に書いた。それに基づいて，面接官が質問をしていた。 　(主眼点)推薦・一般…A〜H
		一般	○グループ面接　{先生2人　生徒5人　※第2回フリー受験は個人面接	10分		
	明治大学付属八王子高等学校（共）	推薦	○グループ面接　{先生1人　生徒5人	15分	☆	志望理由，得意不得意科目，入学後の抱負，将来の志望，クラブ活動・生徒会活動，趣味・特技，中学の思い出，長所短所，関心のあるニュース ◆みなよく準備しているのでスムーズに行えています。 ◇質問に答えると，その答えに対してさらに突っこんだ質問が返されるので，その準備もしておこう。 　(主眼点)A〜H
	東京工業高等専門学校（共・国立）	推薦	○個人面接　先生3人	不明		※詳細は不明

※上記重視度の欄は，星3つは極めて重視，星2つは重視，星1つは参考程度を表しています。また，(主眼点)はA→服装，B→態度，C→ことばづかい，D→人柄，E→返答内容，F→意欲，G→教育方針の理解，H→全般的な印象で表してあります。
◆→面接をされた先生の感想，◇→面接をうけた生徒・保護者の感想

地域	学校名	試験	面接方法	時間	重視度	面接内容
立川市	立川女子高等学校（女）	推薦	○個人面接 先生3人	10分	☆ ☆ ☆	（共通）志望理由，入学後の抱負，将来の志望，クラブ活動・生徒会活動，学校見学・説明会への出席，学校の印象，どこでこの学校を知ったか ◆学校見学・説明会で，面接での質問の内容を例を挙げて説明している。そのため，よく練習して面接に臨んでいる。 ◇中3のときの欠席の回数と理由ははっきり答えられるようにすることが大切。身だしなみや言葉遣いにも注意しよう。 ◇ドアの開け閉めなど，ふだんから気をつけているほうがよいと思った。面接官は髪や爪，服装などもしっかり見ている。 （主眼点）推薦・一般…A〜H（特にD，F〜H）
		一般	○グループ面接 ｛先生3人 　生徒5〜6人	10分	☆ ☆	
	昭和第一学園高等学校（共）	推薦	○個人面接 先生1人	10分	☆ ☆ ☆	（共通）志望理由，入学後の抱負，中学の思い出，（一般）出欠状況 ◆ほとんどの受験生は，きちんとした受け答えができており，非常に良い印象である。その反面，身なり，立居振舞の良くない場合や，面接の事前教育が不十分ではっきりしない受け答えの受験生は悪い意味で印象に残ってしまう。 （主眼点）推薦・一般…A〜H（特にA，B，E）
		一般	○個人面接 先生2人	10分	☆ ☆ ☆	
武蔵野市	聖徳学園高等学校（共）	推薦	○個人面接 先生2人	15分	☆ ☆ ☆	志望理由，入学後の抱負，中学の思い出，長所短所，学校見学・説明会への出席 ◆受験生が緊張しているので，できるだけリラックスできるように対応した。 （主眼点）A〜H（特にB〜H）
	成蹊高等学校（共）	推薦	○個人面接 先生2人	7分	☆ ☆ ☆	（共通）志望理由，得意不得意科目，入学後の抱負，将来の志望，筆記試験の感想，併願校，クラブ活動・生徒会活動，趣味・特技，中学の思い出，読書，関心のあるニュース ◆どのようなイメージを抱いて入学を希望しているのかを知りたいので，模範的な答えではなく，自分の考えを，自分の言葉で伝えてほしい。それに，面接は直接合否に関わるわけではないので，リラックスして素直な自分を出してほしい。 ◆しっかり準備してきたことが，伝わった。 ◇ピリピリとした雰囲気が流れるけど，それに負けないでね！ （主眼点）推薦・一般…E，F
		一般	○個人面接 先生2人	5分	☆ ☆	
三鷹市	大成高等学校（共）	推薦	○個人面接 先生2人	10分	☆ ☆ ☆	（共通）志望理由，通学経路と時間，得意不得意科目，入学後の抱負，将来の志望，クラブ活動・生徒会活動，趣味・特技，中学の思い出，友人，出欠状況，長所短所，学校の印象，どこでこの学校を知ったか，インターネット・SNS，一日の学習時間，（一般）筆記試験の感想，併願校 ◆学びに対する姿勢や集団生活の中での基本的なマナー（気配りや協調性）などのバランス感覚を見ている。 ◆学校行事や部活動に積極的に取り組みたいと思っている受験生が多く見受けられる。 （主眼点）推薦・一般…A〜H（特にE，F）
		一般	○個人面接 先生1人	5分	☆ ☆ ☆	
	法政大学高等学校（共）	推薦	○個人面接 先生2人	15分	☆	志望理由，入学後の抱負，クラブ活動・生徒会活動

※上記重視度の欄は，星3つは極めて重視，星2つは重視，星1つは参考程度を表しています。また，（主眼点）はA→服装，B→態度，C→ことばづかい，D→人柄，E→返答内容，F→意欲，G→教育方針の理解，H→全般的な印象で表してあります。
◆→面接をされた先生の感想，◇→面接をうけた生徒・保護者の感想

地域	学校名	試験	面接方法	時間	重視度	面接内容
三鷹市	明星学園高等学校 （共）	推薦 A・B 一般	○個人面接 先生2人	10分	☆ ☆	※推薦A方式は，ほかに教科面接を実施。 （共通）志望理由，入学後の抱負，将来の志望，クラブ活動・生徒会活動，（一般）筆記試験の感想，併願校 （主眼点）推薦・一般…C～H（特にH）
府中市	明星高等学校 （共）	推薦 一般	○個人面接 先生2人	5分	☆	※詳細は不明 ◆服装・頭髪など，面接に取り組む姿勢ができており，見た目でマイナス判断となる受験生は皆無であった。 （主眼点）推薦・一般…A～H
調布市	桐朋女子高等学校 （女） ＊音楽科は共学	普通 （推薦）	○個人面接 先生2人	20分	☆ ☆	※普通科推薦は事前提出の自己PRカードをもとに，普通科一般は事前提出の面接資料をもとに質問される。 （共通）志望理由，通学経路と時間，得意不得意科目，入学後の抱負，将来の志望，クラブ活動・生徒会活動，趣味・特技，中学の思い出，友人，読書，出欠状況，長所短所，自己PR，学校見学・説明会への出席，どこでこの学校を知ったか，（一般）筆記試験の感想 ◆（普通科）中学では学業以外でもいろいろな活動に意欲的に取り組んでいる受験生が多かった。高校入学後も特技や能力を伸ばして活躍することが期待できる。 ◆（普通科）目的意識が明確な受験生が多かったと感じた。中学校においても，努力したことがあり，そのことを生かして，高校生活を充実させたいという意欲を感じた。 （主眼点）普通・音楽…A～H
		普通 （一般）	○個人面接 先生2人	15分	☆ ☆	
		音楽 （推薦）	○個人面接	3分		
	明治大学付属明治高等学校 （共）	推薦	○個人面接 先生2人 ※2回実施	10分 ×2	☆ ☆	※詳細は不明 （主眼点）A～H
昭島市	啓明学園高等学校 （共）	推薦	○個人面接 先生2人	5分	☆	（共通）志望理由，得意不得意科目，入学後の抱負，将来の志望，中学の思い出，長所短所 （主眼点）推薦・一般…A～H
		一般	○個人面接 先生1人	5分	☆ ☆	
町田市	フェシリア高等学校 （女）	推薦 一般	○個人面接 先生2人	10分	☆ ☆ ☆	（共通）志望理由，入学後の抱負，将来の志望，クラブ活動・生徒会活動，中学の思い出，関心のあるニュース，学校見学・説明会への出席，学校の印象 ◆事前に準備をした受験生とそうでない受験生との差が明確に出る。 （主眼点）推薦・一般…A～H
	桜美林高等学校 （共）	一般	○個人面接 先生2人 ※オープンとスポーツ専願のみ	15分	☆ ☆	志望理由，入学後の抱負，将来の志望，中学の思い出，長所短所，関心のあるニュース，自己PR，学校の印象 ◆きちっとした受験生が多く，ここ4～5年，面接による不合格者は出ていない。 （主眼点）A～H（特にA～F）

※上記重視度の欄は，星3つは極めて重視，星2つは重視，星1つは参考程度を表しています。また，（主眼点）はA→服装，B→態度，C→ことばづかい，D→人柄，E→返答内容，F→意欲，G→教育方針の理解，H→全般的な印象で表してあります。
◆→面接をされた先生の感想，◇→面接をうけた生徒・保護者の感想

地域	学 校 名	試験	面 接 方 法	時間	重視度	面 接 内 容
町田市	サレジオ工業高等専門学校（共）	推薦一般	○個人面接　先生3人　※ＡＯと特待推薦は保護者同伴面接（15分）	10分	☆☆☆	（共通）志望理由，通学経路と時間，得意不得意科目，入学後の抱負，将来の志望，筆記試験の感想，中学の思い出，出欠状況，長所短所，家庭の教育方針，休日のすごし方，自己ＰＲ，学校見学・説明会への出席，どこでこの学校を知ったか，一日の学習時間，アドミッション・ポリシー ◆技術科学に対する興味が強く，志望動機が明確な受験生が多いが，なかには自己表現のとぼしい受験生も見受けられる。 (主眼点)推薦…Ａ～Ｈ（特にＤ，Ｅ，Ｇ），一般…Ａ，Ｂ，Ｄ～Ｈ（特にＤ，Ｅ，Ｇ）
	日本大学第三高等学校（共）	推薦	○個人面接　先生2人	5分	☆	※詳細は不明 ◆男子生徒の応答に元気のないものが多くなってきた。緊張のためか，声が小さかったり，足を動かしたりしている受験生が時々見受けられる。
		一般	○グループ面接{先生2人/生徒2～3人}　※推薦・一般ともに東京都・神奈川県以外の受験生には保護者面接あり（10分）	7分		
	和光高等学校（共）	推薦一般	○個人面接　先生2人	10分	☆☆	（共通）志望理由，入学後の抱負，クラブ活動・生徒会活動，中学の思い出，長所短所，どこでこの学校を知ったか，（一般）併願校 (主眼点)推薦・一般…Ｅ，Ｇ
小金井市	国際基督教大学高等学校（共）	帰国生（推薦，書類選考）	○個人面接　先生2人	10分	☆☆	志望理由，入学後の抱負，中学の思い出 (主眼点)Ｄ～Ｇ（特にＥ，Ｆ）
	東京電機大学高等学校（共）	推薦	○個人面接	3分	☆☆	※詳細は不明 ◆意欲が感じられる生徒が増えた。
小平市	白梅学園高等学校（女）	Ａ推薦	○個人面接　先生2人	5分	☆☆☆	（共通）志望理由，入学後の抱負，将来の志望，中学の思い出，学校の印象 ◆外見のよさ，質問に対しハキハキ答える生徒には好感がもてる。 ◆服装がだらしない，声が小さい，ふし目がち，質問に答えられない生徒は要注意。 ◇面接官ばかりでなく，誘導の高校生もとても親切だったので安心した。 (主眼点)推薦・一般…Ａ～Ｈ
		Ｂ推薦一般	○グループ面接{先生2人/生徒5人}	7分	☆☆☆	
	錦城高等学校（共）	推薦	○グループ面接{先生3人/生徒5人}	8～10分	☆☆☆	一般常識 ◆学校見学・入試説明会に参加している受験生が多く，面接試験での志望理由などの質問によく答えてくれた。また自己ＰＲも具体的で，全体として印象のよい面接試験であった。 ◆作文を読むような応答より，率直な応答を期待したい。 ◇想像していた面接とは違い，口頭試問がほとんどだった。「中学3年間の国語の勉強で印象に残っていることは？」という質問もあった。 ◇思っていたよりすぐ終わり，「なんだこんな感じか」と思った。難しくないから緊張しなくて大丈夫！ (主眼点)Ａ～Ｈ

※上記重視度の欄は，星3つは極めて重視，星2つは重視，星1つは参考程度を表しています。また，(主眼点)はＡ→服装，Ｂ→態度，Ｃ→ことばづかい，Ｄ→人柄，Ｅ→返答内容，Ｆ→意欲，Ｇ→教育方針の理解，Ｈ→全般的な印象で表してあります。
◆→面接をされた先生の感想，◇→面接をうけた生徒・保護者の感想

地域	学 校 名	試験	面 接 方 法	時間	重視度	面 接 内 容
小平市	創価高等学校（共）	推薦 一般	○グループ面接 {先生4人 生徒4～5人	25分		※詳細は不明 ◇先生が優しくて，あまり緊張しなかった。
武蔵村山市	拓殖大学第一高等学校（共）	推薦	○グループ面接 {先生1人 生徒5人	10分	☆ ☆	志望理由，得意不得意科目，入学後の抱負，中学の思い出，学校の印象 ◆服装や言動に留意し，緊張した態度ではきはき答える生徒がめだち，本校への進学の意欲が強く感じられた。 主眼点 A～F，H
東村山市	明法高等学校（共）	A推薦 C推薦	○個人面接 先生1人	7分	☆	※詳細は不明 ◆中学でよく面接指導がなされている印象を受ける。
		B推薦 一般	○グループ面接 {先生1人 生徒3人	10分	☆	
	日本体育大学桜華高等学校（女）	一般	○個人面接 先生2人	5分		志望理由，得意不得意科目，入学後の抱負，クラブ活動・生徒会活動，中学の思い出 ◆中学校や塾などで事前練習をしている受験生がほとんどだが，しっかり練習してきた場合と，準備しないで臨んだ場合で，ハッキリと差が出る。合否に影響はないが，受験生心理を考えると一度くらいは練習しておいたほうがよいと思う。 主眼点 A～F，H（特にA，B）
	明治学院東村山高等学校（共）	推薦	○個人面接 先生2人	10分	☆ ☆	（共通）志望理由，通学経路と時間，入学後の抱負，クラブ活動・生徒会活動，中学の思い出，友人，学校の印象，（一般）筆記試験の感想，出欠状況，校則を守る姿勢，キリスト教行事への参加意思 ◆頭髪，髪型，眼鏡の有無など，出願時に添付した写真と同じ容姿で受験してほしい。
		一般	○個人面接 先生2人	5～ 10分	☆ ☆	
国分寺市	早稲田大学系属早稲田実業学校高等部（共）	推薦	○個人面接	15分	☆ ☆ ☆	※推薦はスポーツ・文化分野のみの募集。一般は面接なし。 ※詳細は不明
国立市	国立音楽大学附属高等学校（共）	推薦	○個人面接 先生2人	5～ 10分	☆	（共通）志望理由，入学後の抱負，中学の思い出，（推薦）得意不得意科目，長所短所，（一般）筆記試験の感想，併願校 ◆家庭でのしつけの差がめだってきた。 主眼点 推薦・一般…D～F，H
		一般	○個人面接 先生2人	5分		
清瀬市	東星学園高等学校（共）	推薦 一般	○個人面接 先生2人	10分	☆ ☆	（共通）志望理由，入学後の抱負，将来の志望，筆記試験の感想，クラブ活動・生徒会活動，趣味・特技，中学の思い出，友人，休日のすごし方，学校見学・説明会への出席，学校の印象，どこでこの学校を知ったか ◆学校見学・説明会などを通して，本校のあり方をかなり把握して受験している。各人が誠実に，一生懸命答えようとしていた。
東久留米市	自由学園高等科（共）	推薦 一般	○個人面接 先生2～6人 ○保護者面接 先生2～3人	10分 10分	☆ ☆ ☆	（共通）志望理由，入学後の抱負，中学の思い出，友人，長所短所，（一般）筆記試験の感想 主眼点 推薦・一般…D，F

※上記重視度の欄は，星3つは極めて重視，星2つは重視，星1つは参考程度を表しています。また，主眼点 はA→服装，B→態度，C→ことばづかい，D→人柄，E→返答内容，F→意欲，G→教育方針の理解，H→全般的な印象で表してあります。
◆→面接をされた先生の感想，◇→面接をうけた生徒・保護者の感想

地域	学校名	試験	面接方法	時間	重視度	面接内容
多摩市	多摩大学附属聖ケ丘高等学校（共）	一般	○グループ面接 ┌先生2人 └生徒5人	15〜20分	☆	志望理由，入学後の抱負，中学の思い出，自己ＰＲ (主眼点) A〜H
稲城市	駒沢学園女子高等学校（女）	推薦	○個人面接 先生2人	6分	☆☆	志望理由，入学後の抱負，将来の志望，クラブ活動・生徒会活動，趣味・特技，中学の思い出，出欠状況，長所短所，関心のあるニュース，学校の印象 ◆多くの受験生が，緊張感を持ちながらも一生懸命答えており，事前の対策もしっかりできている。 ◇笑顔で，さわやかに正直に答えよう。 (主眼点) A〜H
あきる野市	東海大学菅生高等学校（共）	推薦	○個人面接 先生2人	5〜7分	☆☆☆	(共通)志望理由，入学後の抱負，将来の志望，クラブ活動・生徒会活動，中学の思い出，学校の印象，(推薦)自己ＰＲ ◆一般入試はグループ面接ということもあり，推薦入試にくらべてやや緊張感に欠ける受験生も見られる。 ◆都立併願者に志望理由が明確でない受験生が目立つ。中学で面接の練習をしていない生徒も増えた。 (主眼点) 推薦・一般…B，C，F，G（特にF，G）
		一般	○グループ面接 ┌先生2人 └生徒5人	10分	☆☆☆	
西東京市	文華女子高等学校（女）	推薦	○個人面接 先生2人	3分	☆	(共通)志望理由，入学後の抱負，将来の志望，併願校，クラブ活動・生徒会活動，中学の思い出，どこでこの学校を知ったか ◆高校入学に対しての気がまえができている生徒がほとんどで，しっかりした姿勢で臨んでいた。 (主眼点) 推薦…A〜C，E〜H（特にB），一般…A〜C，E〜H（特にB，C，E，F，H）
		一般	○個人面接 先生2人	5分	☆☆	
	〔神奈川県〕					
横浜市	慶應義塾高等学校（男）	推薦	不明	不明		※推薦の面接は一次試験(書類審査)合格者のみ ※一般の面接は一次試験(筆記試験)合格者のみ ※詳細は不明
		一般	不明	不明		
	秀英高等学校（共）※2024年度より共学化	推薦一般	○個人面接 先生1人	8分	☆	(共通)志望理由，得意不得意科目，入学後の抱負，将来の志望，クラブ活動・生徒会活動，趣味・特技，中学の思い出，長所短所，(一般)併願校 ◆よく練習してきている。 (主眼点) A〜H
	武相高等学校（男）	推薦	○グループ面接 ┌先生3人 └生徒5人	15分	☆☆	志望理由，得意不得意科目，入学後の抱負，将来の志望，クラブ活動・生徒会活動，趣味・特技，中学の思い出，長所短所，自己ＰＲ (主眼点) A〜F，H
	関東学院六浦高等学校（共）	推薦	○個人面接 先生2人	10分	☆☆	志望理由，得意不得意科目，入学後の抱負，将来の志望，長所短所 (主眼点) A〜E，G
	聖ヨゼフ学園高等学校（共）	推薦オープン	○個人面接 先生2人	15分	☆☆	(共通)志望理由，得意不得意科目，入学後の抱負，将来の志望，クラブ活動・生徒会活動，中学の思い出，長所短所，どこでこの学校を知ったか (主眼点) B〜F（特にF）

※上記重視度の欄は，星3つは極めて重視，星2つは重視，星1つは参考程度を表しています。また，(主眼点)はA→服装，B→態度，C→ことばづかい，D→人柄，E→返答内容，F→意欲，G→教育方針の理解，H→全般的な印象で表してあります。
◆→面接をされた先生の感想，◇→面接をうけた生徒・保護者の感想

地域	学校名	試験	面接方法	時間	重視度	面接内容
横 浜 市	英理女子学院高等学校 （女）	推薦 オープン	○個人面接 先生2人	10分	☆ ☆ ☆	(共通)志望理由，通学経路と時間，得意不得意科目，入学後の抱負，将来の志望，クラブ活動・生徒会活動，趣味・特技，中学の思い出，出欠状況，長所短所，自己PR ◆しっかりと準備をしている受験生が多く，好印象でした。 ◆将来の夢（進路）について考えていない受験生が多いように感じました。 (主眼点) A～C，E，F，H
	捜真女学校高等学部 （女）	推薦	○個人面接 先生2人	10分	☆	志望理由，得意不得意科目，入学後の抱負，将来の志望，クラブ活動・生徒会活動，中学の思い出，読書，関心のあるニュース，学校の印象 (主眼点) A～H
	星槎高等学校 （共）	推薦 一般	○個人面接 先生2人 ○保護者面接 先生1人	30分 30分	☆ ☆ ☆	※詳細は不明 (主眼点) A～H
	橘学苑高等学校 （共）	推薦 オープン	○個人面接 先生2人	10分	☆ ☆	(共通)志望理由，得意不得意科目，入学後の抱負，将来の志望，クラブ活動・生徒会活動 ◆中学校側の生徒に対する指導の内容（生徒をいかに大切に育てているか，その姿勢も）がわかるような気がする。 (主眼点) A～H
	中央大学附属横浜高等学校 （共）	推薦	○個人面接 先生2人	10分	☆ ☆	志望理由，通学経路と時間，得意不得意科目，入学後の抱負，将来の志望，クラブ活動・生徒会活動，趣味・特技，中学の思い出，読書，長所短所，関心のあるニュース，家庭での役割・手伝い，学校の印象 ◇面接官は優しく，親しみやすい口調で話しかけてくださるので，こちらもつられて軽く答えそうになってしまった。 (主眼点) A～H
	鶴見大学附属高等学校 （共）	推薦 オープン	○個人面接 先生1人	5分	☆	(共通)志望理由，入学後の抱負，将来の志望，中学の思い出，学校見学・説明会への出席，学校の印象，どこでこの学校を知ったか ◆学校見学や説明会に積極的に参加したうえで本校を志望していることや，高校入学後のことをしっかり考えていることなどに感心した。 (主眼点) B，E，F，H
	桐蔭学園高等学校 （共）	推薦	○個人面接 先生1人	5分	☆ ☆ ☆	志望理由，入学後の抱負，将来の志望，クラブ活動・生徒会活動，趣味・特技 (主眼点) G
	秀英高等学校 （共）	推薦 ‥‥‥ 一般	○個人面接 先生1人 ‥‥‥ ○個人面接 先生1人	8分 8分	☆ ☆	(共通)志望理由，得意不得意科目，入学後の抱負，将来の志望，クラブ活動・生徒会活動，趣味・特技，中学の思い出，長所短所， (一般)併願校 (主眼点) A～H
	横浜学園高等学校 （共）	推薦 ‥‥‥ 一般	○個人面接 先生2人 ‥‥‥ ○個人面接 先生1人	5分 5分	☆ ☆ ☆ ☆ ☆	(共通)志望理由，入学後の抱負，将来の志望，中学の思い出，長所短所 ◆中学や家庭での指導が行き届いているようで，ほとんどの生徒に面接練習の成果が見られる。 (主眼点) A～H

※上記重視度の欄は，星3つは極めて重視，星2つは重視，星1つは参考程度を表しています。また，(主眼点)はA→服装，B→態度，C→ことばづかい，D→人柄，E→返答内容，F→意欲，G→教育方針の理解，H→全般的な印象で表してあります。
◆→面接をされた先生の感想，◇→面接をうけた生徒・保護者の感想

地域	学校名	試験	面接方法	時間	重視度	面接内容
横浜市	横浜商科大学高等学校（共）	推薦	○個人面接 先生2人	10分	☆ ☆ ☆	(共通)志望理由，入学後の抱負，中学の思い出，長所短所，学校見学・説明会への出席，行事に参加できますか，校訓が言えますか，体育の授業はできますか，(一般)筆記試験の感想
		一般	○グループ面接 { 先生2人 生徒5人	10分	☆ ☆ ☆	主眼点 A〜H（特にA，B，F〜H）
	横浜翠陵高等学校（共）	推薦	○個人面接 先生2人	15分	☆	(共通)志望理由，入学後の抱負，将来の志望，クラブ活動・生徒会活動，関心のあるニュース
		一般	○グループ面接 { 先生2人 生徒6人	15分	☆	◆事前にしっかり練習しているようで，答え方がパターン化されている感じがする。 主眼点 A，B，E，F，H
	横浜清風高等学校（共）	推薦，一般（専願）オープン	○個人面接 先生1人	5分	☆ ☆	(共通)志望理由，入学後の抱負，将来の志望，趣味・特技，中学の思い出 ◆本校では先入観を持たず面接することを心がけている。説明会などで配布した資料に，予め質問事項を掲載してあるので，よく準備している受験生が多かった。服装や髪型もしっかりしている。◇予想していなかった質問が出てあせったけど，自分の考えを述べることができれば大丈夫。 主眼点 A〜H（特にF）
	横浜創学館高等学校（共）	推薦	○個人面接 先生2人	5分	☆ ☆ ☆	志望理由，得意不得意科目，入学後の抱負，将来の志望，クラブ活動・生徒会活動，中学の思い出，学校の印象 ◇思っていたより，大変なことはなかった。本当にあっという間に終わってしまった。 主眼点 C〜H
	横浜富士見丘学園高等学校（共）	推薦	○個人面接 先生2人	10分	☆	志望理由，得意不得意科目，入学後の抱負，将来の志望，筆記試験の感想，クラブ活動・生徒会活動，趣味・特技，中学の思い出，友人，読書，長所短所，関心のあるニュース，自己PR，学校の印象，どこでこの学校を知ったか 主眼点 A〜H
川崎市	大西学園高等学校（共）	推薦	○個人面接 先生1人	8分	☆ ☆	(共通)志望理由，通学経路と時間，得意不得意科目，入学後の抱負，将来の志望，クラブ活動・生徒会活動，趣味・特技，中学の思い出，長所短所，関心のあるニュース
		一般	○個人面接 先生1人	5分	☆ ☆	主眼点 A〜F，H
	日本女子大学附属高等学校（女）	推薦	○個人面接 先生3人	8分	☆ ☆ ☆	(共通)入学後の抱負，中学の思い出，(推薦)志望理由，得意不得意科目，クラブ活動・生徒会活動，趣味・特技，(一般)将来の志望，関心のあるニュース
		一般	○個人面接	3分	☆	◆本校の教育方針，校風をよく理解し，自分のことばで応答できる受験生が多い。 主眼点 A〜H（特にE〜G）
	桐光学園高等学校（共）	推薦	○個人面接 先生1人	5分	☆ ☆	※詳細は不明

※上記重視度の欄は，星3つは極めて重視，星2つは重視，星1つは参考程度を表しています。また，主眼点はA→服装，B→態度，C→ことばづかい，D→人柄，E→返答内容，F→意欲，G→教育方針の理解，H→全般的な印象で表してあります。
◆→面接をされた先生の感想，◇→面接をうけた生徒・保護者の感想

地域	学校名	試験	面接方法	時間	重視度	面接内容
鎌倉市	鎌倉女子大学高等部（女）※2026年度より共学化	推薦	○個人面接 先生2人	10分	☆	志望理由，得意不得意科目，入学後の抱負，将来の志望，クラブ活動・生徒会活動，中学の思い出，長所短所，自己ＰＲ，どこでこの学校を知ったか （主眼点）A〜H（特にF，G）
	北鎌倉女子学園高等学校（女）	オープン	○個人面接 先生2人	5分	☆	志望理由 ◆本校の教育方針をよく理解したうえで受験してくれている。 （主眼点）G
逗子市	聖和学院高等学校（女）	推薦	○個人面接 先生2人	15分	☆☆	（共通）志望理由，通学経路と時間，得意不得意科目，入学後の抱負，将来の志望，中学の思い出，読書，通学塾，関心のあるニュース，学校の印象，（一般）併願校 ◆目的意識が強く，大学などの進学を考え，本校を受験する生徒が増えている。また，本校のことをよく調べている。 （主眼点）B〜H
		一般	○個人面接 先生2人	5分	☆☆	
横須賀市	緑ケ丘女子高等学校（女）	推薦	○個人面接 先生2人	7分	☆	（共通）志望理由，通学経路と時間，得意不得意科目，入学後の抱負，将来の志望，クラブ活動・生徒会活動，趣味・特技，中学の思い出，読書，長所短所，学校見学・説明会への出席，学校の印象，どこでこの学校を知ったか，（一般）筆記試験の感想 ◆質問に対して真摯に答えようとする姿が印象的でした。 ◇受験番号の順に面接される。若い番号のほうが待ち時間は少ない。 （主眼点）E，F
		一般（専願）	○個人面接 先生2人	7分	☆	
	湘南学院高等学校（共）	推薦	○個人面接 先生2人	7〜8分	☆☆☆	志望理由，入学後の抱負，将来の志望，中学の思い出，長所短所，関心のあるニュース，自己ＰＲ，学校見学・説明会への出席，学校の印象，一日の学習時間 ◆目標，目的がはっきりしている生徒は大変好感が持てる。学校の教育内容をしっかり調べ，意欲がある人はよい印象を受ける。 ◇落ち着いて，ゆっくり，大きな声で質問に答えるとよい。待っている間は寒いので，携帯用のカイロが役にたつ。 （主眼点）A〜H（特にE，F）
	三浦学苑高等学校（共）	推薦	○個人面接 先生2人	5分	☆☆	志望理由，得意不得意科目，入学後の抱負，将来の志望，友人，長所短所，関心のあるニュース，自己ＰＲ ◆落とすためではなく，本人のよさを見つけるための面接なので，安心して受験を。ただし，髪を染めたあとやピアスのあと，ズボンのすそのほつれなど，ひどい場合は不合格とする。受け答えや言動なども同様。 （主眼点）A〜C，E〜H
	横須賀学院高等学校（共）	推薦	○個人面接 先生2人	8分	☆	志望理由，入学後の抱負，将来の志望，クラブ活動・生徒会活動，趣味・特技，中学の思い出，長所短所，自己ＰＲ ◆志望動機や高校生活の抱負などを，自分の言葉でしっかり話せる受験生が年々増えている。 （主眼点）A〜H（特にG）

※上記重視度の欄は，星3つは極めて重視，星2つは重視，星1つは参考程度を表しています。また，（主眼点）はA→服装，B→態度，C→ことばづかい，D→人柄，E→返答内容，F→意欲，G→教育方針の理解，H→全般的な印象で表してあります。
◆→面接をされた先生の感想，◇→面接をうけた生徒・保護者の感想

地域	学校名	試験	面接方法	時間	重視度	面接内容
横須賀市	陸上自衛隊高等工科学校（男）	推薦一般	○個人面接 先生3人	20分		※総合的に評価する
平塚市	平塚学園高等学校（共）	推薦	○個人面接 先生2人	7分	☆☆	志望理由，通学経路と時間，得意不得意科目，入学後の抱負，将来の志望，クラブ活動・生徒会活動，出欠状況，長所短所，関心のあるニュース，学校見学・説明会への出席，学校の印象，どこでこの学校を知ったか，一般常識 ◆教育方針を十分に理解している生徒が多く，入学への大きな熱意を持っている生徒が増えている。 　　　　　　　　　　　　主眼点 A，D〜H（特にD）
藤沢市	藤嶺学園藤沢高等学校（男）	推薦	○個人面接 先生1人	10分	☆☆	（共通）志望理由，入学後の抱負，将来の志望，クラブ活動・生徒会活動，出欠状況
		一般	○個人面接 先生1人	5分	☆	 　　　　　　　　　　　　主眼点 B，E，H
	鵠沼高等学校（共）	推薦	○個人面接 先生2人	10分	☆☆☆	（共通）志望理由，入学後の抱負，将来の志望，中学の思い出，学校見学・説明会への出席，学校の印象，（一般）筆記試験の感想 ◇面接ブックに書かれていることを自分なりにまとめたが，あまり聞かれなかった。先生によっても受験生によっても質問はちがうようで，要するに面接は臨機応変，ふだんの生活態度が大切だとつくづく思った。
		一般	○個人面接 先生2人	12分	☆☆☆	 　　　　　　　　　　　　　主眼点 A〜H
	慶應義塾湘南藤沢高等部（共）	全国枠帰国生	○個人面接			※詳細は不明
	湘南工科大学附属高等学校（共）	推薦	○個人面接 先生2人	5分	☆	志望理由，得意不得意科目，入学後の抱負，クラブ活動・生徒会活動，中学の思い出，長所短所 ◆練習してきたかどうかで個人差が見受けられる。 ◆トレーニングされた内容はスラスラ答えられるが，深い質問に対して答えを求めると，答えにつまってしまうことがあるのは残念だ。 　　　　　　　　　　　主眼点 A〜C，E〜H
	日本大学藤沢高等学校（共）	推薦	○個人面接 先生2人	10分	☆☆	志望理由，入学後の抱負，将来の志望，クラブ活動・生徒会活動，趣味・特技，学校の印象 ◆志望理由や本校入学後の意欲，やりたいことを中心に質問している。中学校で練習している内容と大きく変わらない質問のためか，受験生も落ちついて応答している様子。 ◇面接前に学校紹介のビデオが流れる。 ◇将来に向けての意見が求められたので，進路などについて考えをまとめておくとよい。 　　　　　　　　　　　主眼点 A〜F，H

※上記重視度の欄は，星3つは極めて重視，星2つは重視，星1つは参考程度を表しています。また，主眼点はA→服装，B→態度，C→ことばづかい，D→人柄，E→返答内容，F→意欲，G→教育方針の理解，H→全般的な印象で表してあります。
◆→面接をされた先生の感想，◇→面接をうけた生徒・保護者の感想

地域	学校名	試験	面接方法	時間	重視度	面接内容
相模原市	相模女子大学高等部（女）	推薦（進学）	○グループ面接　先生3人　生徒5人	15分	☆	(共通)志望理由, 得意不得意科目, 入学後の抱負, 将来の志望, クラブ活動・生徒会活動, 中学の思い出, 長所短所, 関心のあるニュース, 学校見学・説明会への出席　◆特進コースでは, 勉強のみでなく, 将来の進路や就きたい職業などキャリア教育を重視しているので, 面接でもそれに関連した質問が多くなるが, 多くの受験生ははっきりと答えられていた。◇(一般)緊張していてもしっかり面接官の目を見て話せばほほえんでくれます。3つしか質問されず, すぐ終わりました。　(主眼点)A〜H
		推薦（特進）	○グループ面接　先生3人　生徒5人	20分	☆	
		一般（進学）	○グループ面接　先生3人　生徒5人	15分	☆	
		一般（特進）	○グループ面接　先生3人　生徒5人	20分		
	麻布大学附属高等学校（共）	推薦	○個人面接　先生2人	5分	☆　☆	志望理由, 将来の志望, クラブ活動・生徒会活動　(主眼点)A〜H
	光明学園相模原高等学校（共）	推薦	○グループ面接　先生3人　生徒4〜6人	20分	☆　☆	(共通)志望理由, 入学後の抱負, クラブ活動・生徒会活動, 中学の思い出, 読書, 関心のあるニュース, 学校の印象, バイクについて, いじめについて　◇考えていた内容は, あまり聞かれなかった。　(主眼点)A〜H（特にA〜C, F）
		一般	○グループ面接　先生2人　生徒6〜7人	20分	☆　☆	
	東海大学付属相模高等学校（共）	推薦	○グループ面接　先生3人　生徒5人	20分	☆　☆　☆	(共通)志望理由, 入学後の抱負, 中学の思い出　◆よく練習してきているが, お決まりの質問以外は返答に困っている。◇面接官は優しかったけれど, やはり緊張してしまった。笑顔を忘れずに, 考えてきたことをそのまま言うのではなく, ゆっくりと気持ちをこめて話せばよいと思う。　(主眼点)A〜H
		一般	○グループ面接　先生2人　生徒5人	15分	☆　☆　☆	
厚木市	厚木中央高等学校（共）	推薦　一般	○保護者同伴面接　先生2人	10分	☆　☆	(共通)志望理由, 将来の志望, 趣味・特技, 友人, 出欠状況, 家庭の教育方針, 家庭での役割・手伝い, (一般)筆記試験の感想, 併願校　(主眼点)B, F, G（特にF）
伊勢原市	向上高等学校（共）	推薦	○個人面接　先生1人	10分	☆　☆	志望理由, 得意不得意科目, 入学後の抱負, 将来の志望, クラブ活動・生徒会活動, 趣味・特技, 中学の思い出, 長所短所, 学校見学・説明会への出席, 学校の印象, どこでこの学校を知ったか　◇思ったよりも優しい面接官の先生でとても楽しかった。困った質問ばかりだったけど, 思ったことをそのまま言ったら笑われてしまった。　(主眼点)B, C, F〜H
茅ケ崎市	アレセイア湘南高等学校（共）	推薦	○個人面接　先生2人	10分	☆	(共通)志望理由, 入学後の抱負, 将来の志望, 中学の思い出, 自己PR　◆面接の練習をしている中学と, していない中学で差がある。◇一番大事なのは自分が思っていることをはっきり伝えることです。　(主眼点)A〜H（特にG）
		オープン	○個人面接　先生3人	10分	☆　☆　☆	

※上記重視度の欄は, 星3つは極めて重視, 星2つは重視, 星1つは参考程度を表しています。また, (主眼点)はA→服装, B→態度, C→ことばづかい, D→人柄, E→返答内容, F→意欲, G→教育方針の理解, H→全般的な印象で表してあります。
◆→面接をされた先生の感想, ◇→面接をうけた生徒・保護者の感想

地域	学校名	試験	面接方法	時間	重視度	面　接　内　容
大和市	柏木学園高等学校（共）	推薦	○個人面接　先生2人	8分	☆☆☆	志望理由，得意不得意科目，入学後の抱負，将来の志望，クラブ活動・生徒会活動，中学の思い出，長所短所 ◆多くの受験生が，礼儀正しく好感がもてる。 （主眼点）A〜H（特にA〜C，E〜G）
足柄上郡	立花学園高等学校（共）	推薦	○グループ面接{先生2人　生徒3人	15分	☆☆	志望理由，通学経路と時間，入学後の抱負，趣味・特技，将来の志望，中学の思い出，関心のあるニュース，読書 ◆練習してきていない質問にも答えられるようにしてほしい。第一印象が大事だと思うが，最近は入試前に理髪店に行って頭髪を整えてくるような生徒が少なくなった。 ◆答えた内容に対してさらに質問をすると，返答に困る生徒が多かった。 （主眼点）A〜C，E
足柄下郡	函嶺白百合学園高等学校（女）	推薦	○個人面接　先生3人	15分	☆☆☆	(共通)志望理由，入学後の抱負，クラブ活動・生徒会活動，趣味・特技，中学の思い出，友人，(一般，2次)筆記試験の感想
		一般2次	○個人面接　先生2人	15分	☆☆	（主眼点）A〜H

〔埼玉県〕

地域	学校名	試験	面接方法	時間	重視度	面　接　内　容
さいたま市	浦和麗明高等学校（共）	推薦一般（単願）	○個人面接　先生2人	5分	☆☆	(共通)志望理由，中学の思い出，入学後の抱負，クラブ活動・生徒会活動 ◆よい意味でも悪い意味でも緊張感のない生徒がめだつ。 ◆社会や政治問題に対する関心が年々，薄れてきている。また，言葉遣いが幼稚である。 ◆志望理由の質問に対し，目的をもって受験した生徒がたくさんいたことは喜ばしい。たとえば「福祉の資格をとるため」，「動物を扱う授業は他校にはないので」…など。 （主眼点）A〜H（特にF）
	淑徳与野高等学校（女）	1回単願	○個人面接　先生1人	10分	☆	志望理由，入学後の抱負，将来の志望，出欠状況，長所短所，学校の印象 ◆欠席数が多い場合に理由を聞くが，高校ではがんばりたいという気持ちがあればマイナスになることはないので，がんばってほしい。 （主眼点）A，E〜H
	浦和学院高等学校（共）	単願推薦	（グローバル）○個人面接　先生2人	15分	☆	※グローバルは英語面接。 (共通)志望理由，通学経路と時間，入学後の抱負，クラブ活動・生徒会活動，趣味・特技，中学の思い出，長所短所，自己PR
			（グローバル以外）○グループ面接{先生1人　生徒3人	10分	☆	
		併願推薦	（グローバルのみ）○個人面接　先生2人	15分	☆	（主眼点）A〜H
	栄東高等学校（共）	単願	○個人面接　先生1人	5〜10分	☆	志望理由，入学後の抱負，クラブ活動・生徒会活動，中学の思い出 （主眼点）A〜C，E，F，H

※上記重視度の欄は，星3つは極めて重視，星2つは重視，星1つは参考程度を表しています。また，（主眼点）はA→服装，B→態度，C→ことばづかい，D→人柄，E→返答内容，F→意欲，G→教育方針の理解，H→全般的な印象で表してあります。
◆→面接をされた先生の感想，◇→面接をうけた生徒・保護者の感想

地域	学校名	試験	面接方法	時間	重視度	面接内容
川越市	川越東高等学校 （男）	単願	○個人面接 先生1人	3分	☆ ☆	志望理由，通学経路と時間，入学後の抱負，将来の志望，クラブ活動・生徒会活動，中学の思い出，出欠状況，自己PR ◇事前に，「面接用紙」というものに志望理由などを記入し，それに沿ったことを聞かれる。川越東高校の教育目標について書くところもあるので，書いた内容は必ず覚えておこう。 （主眼点）A～H
	城西大学付属川越高等学校 （男）	単願	○グループ面接 ｛先生1人 　生徒5人	5分	☆	志望理由，入学後の抱負 ◆大部分の受験生が，よく練習してきている。 （主眼点）F，G
	星野高等学校 （女・共）	単願 併願	○個人面接 先生1人	3～ 5分	☆	（共通）志望理由，将来の志望，入学後の抱負，趣味・特技，読書 ◇志望者が多いので，面接はあっという間に終わります。服装や髪型も見られているので気をつけましょう。 （主眼点）A，B，F
	秀明高等学校 （共）	単願 併願 一般	○個人面接 先生2人	5分		※詳細は不明 （主眼点）B
	城北埼玉高等学校 （男）	単願 併願	○個人面接 先生2人	10分	☆ ☆	※フロンティアコースのみ実施。 （共通）志望理由，入学後の抱負，長所短所，どこでこの学校を知ったか （主眼点）A～C，E～H（特にF）
本庄市	本庄第一高等学校 （共）	単願	○個人面接 先生2人	5分		志望理由，入学後の抱負，中学の思い出 ◆一生懸命に練習をしてきた生徒には好感がもてる。 （主眼点）A～H
	本庄東高等学校 （共）	単願	○個人面接 先生1人	3～ 5分		志望理由，入学後の抱負，将来の志望 ◆緊張をせずに，落ち着いて話してほしい。面接をするのは単願のみなので，教員も来年度お会いできるものと考えて接している。 （主眼点）A～F，H（特にA，B）
	早稲田大学本庄高等学院 （共）	α選抜 I選抜	○個人面接 ※書類選考合格者のみ	不明		※詳細は不明 ◇学校へ行きたいということをしっかりアピールすべき。最初に入ったらすぐに受験番号と氏名を言わなければならない（言い忘れて注意されたが，合格してよかった）。
坂戸市	山村国際高等学校 （共）	単願	○個人面接 先生2人	10分	☆ ☆ ☆	※学業奨学生，スポーツ奨学生のみ実施。 志望理由，得意不得意科目，入学後の抱負，将来の志望，クラブ活動・生徒会活動，中学の思い出，どこでこの学校を知ったか ◆しっかりと面接の練習をしてきていると感じた。 ◇前もって答えを用意しておくということと，身だしなみをきちんとする（爪もちゃんと切る）ことが大事です。中学校の先生に面接の練習をしてもらうといいと思う。 （主眼点）A～H

※上記重視度の欄は，星3つは極めて重視，星2つは重視，星1つは参考程度を表しています。また，（主眼点）はA→服装，B→態度，C→ことばづかい，D→人柄，E→返答内容，F→意欲，G→教育方針の理解，H→全般的な印象で表してあります。
◆→面接をされた先生の感想，◇→面接をうけた生徒・保護者の感想

地域	学校名	試験	面接方法	時間	重視度	面接内容
坂戸市	筑波大学附属坂戸高等学校（共・国立）	推薦	○個人面接　先生2人	10分	☆☆☆	(共通)志望理由，(推薦)入学後の抱負，(一般)自己ＰＲ ◆志望理由に「家から近いから」「併願可能だから」と正直に答える者が一定数いる。本音と建前を使い分けられるとよい。 ◆面接で緊張するくらいの生徒のほうが望ましい気がする。 ◆家や学校で面接練習するのはよいが，丸暗記するだけではなく，要点(本校の特徴の理解，志望理由と将来の志望)をきちんと確認しておくこと。 ◇志望理由を答えたものの，深くつっこんで聞かれたのでびっくりした。答えにつまってしまったが合格してよかった。 　　　　　主眼点 E，G
		一般	○個人面接　先生2人	10分	☆	
志木市	慶應義塾志木高等学校（男）	自己推薦	○個人面接　先生1人 ○グループ面接　{先生3人　生徒4人	10分 40分	☆ ☆ ☆	※詳細は非公表 ※自己推薦の面接は個人約10分を1回とグループ約40分を行った。いずれも1次試験合格者に実施。 ◇たいしたことは聞かれなかった。質問に対して「わからない」などとも答えたが合格した。
		一般	○個人面接　先生2人	10分	☆ ☆ ☆	
入間市	狭山ヶ丘高等学校（共）	専願（推薦）（一般）	○個人面接　先生2人	5分	☆ ☆	(共通)志望理由，通学経路と時間，得意不得意科目，入学後の抱負，将来の志望，筆記試験の感想，併願校，クラブ活動・生徒会活動，趣味・特技，中学の思い出，友人，読書，出欠状況，通学塾，長所短所，家庭の教育方針，しつけ，関心のあるニュース，休日のすごし方，家庭での役割・手伝い，自己ＰＲ，学校見学・説明会への出席，学校の印象，どこでこの学校を知ったか，中学の校長・担任の名前，インターネット・ＳＮＳ，一日の学習時間，一般常識 ◇質問数は少ないが，かなりつっこまれ，わりと時間がかかった。
		併願（推薦）（一般）	○グループ面接　{先生1人　生徒2人	5分	☆ ☆	
	東野高等学校（共）	一般（単願）	○個人面接　先生2人	10分	☆ ☆	※志望理由，入学後の抱負 ◆年々，よい生徒が集まってきている。 ◇面接官がとても優しかったので緊張しなかったけど，寒くて体がブルブルふるえてしまった。 　　　　　主眼点 A〜H（特にA〜C，F）
	武蔵野音楽大学附属高等学校（共）	推薦一般	○個人面接　先生3人	7分	☆ ☆	(共通)志望理由，通学経路と時間，入学後の抱負，将来の志望，中学の思い出，長所短所，クラブ活動・生徒会活動 　　　　　主眼点 A〜H（特にF）
越谷市	獨協埼玉高等学校（共）	単願	○グループ面接　{先生2人　生徒3〜4人	10分	☆	志望理由，通学経路と時間，得意不得意科目，入学後の抱負，将来の志望，筆記試験の感想，併願校，クラブ活動・生徒会活動，趣味・特技，中学の思い出，友人，読書，出欠状況，通学塾，長所短所，関心のあるニュース，休日のすごし方，家庭での役割・手伝い，自己ＰＲ，学校見学・説明会への出席，学校の印象，どこでこの学校を知ったか，中学の校長・担任の名前，インターネット・ＳＮＳ，一日の学習時間 ◆話し方や返答のしかたによって人物を判断する。 ◆質問されて何も言わない生徒は，面接で不合格になることはなくても印象の点で損をする。 ◇グループ面接だからといって，順番に同じことを聞かれるとは限らない。1人だけ質問が変えられることもあった。 　　　　　主眼点 A〜H

※上記重視度の欄は，星3つは極めて重視，星2つは重視，星1つは参考程度を表しています。また，主眼点はA→服装，B→態度，C→ことばづかい，D→人柄，E→返答内容，F→意欲，G→教育方針の理解，H→全般的な印象で表してあります。
◆→面接をされた先生の感想，◇→面接をうけた生徒・保護者の感想

地域	学校名	試験	面接方法	時間	重視度	面接内容
加須市	開智未来高等学校（共）	単願	○個人面接 先生1人	10分	☆	志望理由，入学後の抱負，将来の志望，クラブ活動・生徒会活動 主眼点 A〜H
深谷市	東京成徳大学深谷高等学校（共）	単願	○個人面接 先生1人	10分	☆ ☆	※詳細は不明
蕨市	武南高等学校（共）	併願 (併願3)	○個人面接 先生2人	10分		志望理由，入学後の抱負，将来の志望 ◆面接があることは知らせてあるので，練習してきてほしい。 主眼点 E，F
新座市	立教新座高等学校（男）	推薦	○個人面接 先生6人	20分	☆ ☆ ☆	志望理由，通学経路と時間，入学後の抱負，将来の志望，クラブ活動・生徒会活動，趣味・特技，中学の思い出，長所短所，関心のあるニュース，学校の印象 主眼点 A〜H
新座市	西武台高等学校（共）	単願 併願 一般	○個人面接 先生2人	5分		※原則として，事前の個別相談がない受験生のみ実施。 (共通)志望理由，通学経路と時間，得意不得意科目，入学後の抱負，将来の志望，クラブ活動・生徒会活動，趣味・特技，中学の思い出，読書，長所短所，関心のあるニュース，学校の印象，どこでこの学校を知ったか ◆しっかりと面接練習をしてきているという印象。 主眼点 A〜H
春日部市	春日部共栄高等学校（共）	1回 (単願)	○個人面接 先生1人	不明	☆ ☆	志望理由，得意不得意科目，入学後の抱負，将来の志望，筆記試験の感想，クラブ活動・生徒会活動，趣味・特技，中学の思い出，読書，長所短所，自己PR ◆毎日の生活態度，日ごろの「考え方」や「物事に取り組む姿勢」が面接に表れると感じている。 主眼点 A〜H
狭山市	秋草学園高等学校（女）	単願 (奨学生)	○保護者同伴面接 先生1人	5分	☆ ☆	※詳細は不明 主眼点 A〜H
狭山市	西武学園文理高等学校（共）	一般	○個人面接 先生2人	15分		※スペシャルアビリティクラスと帰国生のみ実施。 志望理由，入学後の抱負，将来の志望，筆記試験の感想，クラブ活動・生徒会活動，趣味・特技，中学の思い出，長所短所，関心のあるニュース，自己PR，学校の印象 ◆海外生活で得た経験から，将来に向けて何に力を入れて取り組んでいくか，またその決意がどの受験生にもしっかりと見られた。 ◆自分の考えを的確に伝えることがよくできていた。 主眼点 A〜H（特にD〜F）
上尾市	秀明英光高等学校（共）	単願	○個人面接 先生2人	5分	☆ ☆	志望理由，入学後の抱負，将来の志望，クラブ活動・生徒会活動，中学の思い出 ◆声が小さい。 ◇本当に一瞬で終わってしまった。面接官の先生は全然怖くなかった。 主眼点 A〜G

※上記重視度の欄は，星3つは極めて重視，星2つは重視，星1つは参考程度を表しています。また，主眼点はA→服装，B→態度，C→ことばづかい，D→人柄，E→返答内容，F→意欲，G→教育方針の理解，H→全般的な印象で表してあります。
◆→面接をされた先生の感想，◇→面接をうけた生徒・保護者の感想

地域	学校名	試験	面接方法	時間	重視度	面接内容
北葛飾郡	昌平高等学校 （共）	単願	○グループ面接 〔先生2人 生徒5人	10分	☆ ☆ ☆	**(共通)**志望理由，通学経路と時間，入学後の抱負，将来の志望，クラブ活動・生徒会活動，趣味・特技，中学の思い出，読書，関心のあるニュース
		IB(DP) クラス	○個人面接 先生2人	10分	☆ ☆ ☆	◆「答えを準備してきたのでは？」と思える受験生が多かった。数名だが，面接に対する心構えができていない，ややだらしない受験生もいた。 **主眼点** A〜H（特にA〜F）
入間郡	埼玉平成高等学校 （共）	単願	非公表	非公表	非公表	※詳細は非公表
	武蔵越生高等学校 （共）	単願	○個人面接 先生2人	5分	☆ ☆	志望理由，入学後の抱負，将来の志望，クラブ活動・生徒会活動，趣味・特技，中学の思い出，読書，長所短所 ◇絶対にうそはつかないほうがいい。突っこんだ質問をされた時に答えられないと困るから。 **主眼点** A〜H
北足立郡	国際学院高等学校 （共）	一般	○個人面接 先生2人	5分	☆ ☆	志望理由，入学後の抱負，将来の志望，中学の思い出 ◆想定外の質問に対しての対応力が課題。「わからない」「少し時間がほしい」などの一言もないのはNG。 ◆意欲あふれる態度で志望理由，学校生活の目標，将来の進路などについて自分の言葉で表現できた受験生は好印象だった。 ◇明るくハキハキと答えるとよい。 **主眼点** A〜H（特にE，F）
千 葉 市	**〔千葉県〕**					
	千葉聖心高等学校 （女）	推薦 (専願) (一能) 2次	○個人面接 先生2人	10分	☆ ☆ ☆	**(共通)**志望理由，入学後の抱負，将来の志望，クラブ活動・生徒会活動，長所短所 ◆待機時から面接は始まっていると思うこと。 ◆温厚でまじめな受験生が多かったようだ。 ◆回答がパターン化されていて，個性が感じられない。
		併願	○グループ面接 〔先生2人 生徒4人	不明	☆ ☆ ☆	**主眼点** A〜F，H（特にA〜F）
	植草学園大学附属高等学校 （共）	一般	○個人面接 先生1人	5分	☆ ☆	**(共通)**志望理由，通学経路と時間，得意不得意科目，入学後の抱負，将来の志望，筆記試験の感想，併願校，クラブ活動・生徒会活動，趣味・特技，中学の思い出，友人，読書，出欠状況，通学塾，長所短所，家庭の教育方針，しつけ，関心のあるニュース，休日のすごし方，家庭での役割・手伝い，自己PR，学校見学・説明会への出席，学校の印象，どこでこの学校を知ったか，中学の校長・担任の名前，インターネット・SNS，一日の学習時間，一般常識 ◇先生や誘導役の先輩もとても優しくて驚いた。 ◇うわばきやつめを見られた。 **主眼点** E〜G（特にF，G）
	桜林高等学校 （共）	前期 後期	○個人面接 先生1人	5〜 10分	☆ ☆ ☆	**(共通)**志望理由，クラブ活動，生徒会活動，出欠状況，学校見学・説明会への出席，通学塾，バイクに興味はあるか，どこでこの学校を知ったか，入学後の抱負，趣味・特技，学校の印象，将来の志望，併願校，中学の思い出，長所短所，校則の遵守，**(後期)**筆記試験の感想 **主眼点** A〜H

※上記重視度の欄は，星3つは極めて重視，星2つは重視，星1つは参考程度を表しています。また，**主眼点**はA→服装，B→態度，C→ことばづかい，D→人柄，E→返答内容，F→意欲，G→教育方針の理解，H→全般的な印象で表してあります。
◆→面接をされた先生の感想，◇→面接をうけた生徒・保護者の感想

地域	学 校 名	試験	面 接 方 法	時間	重視度	面 接 内 容
千 葉 市	敬愛学園高等学校（共）	前期（推薦）	○グループ面接 ┌先生2人 └生徒5人	不明		※過年度生，外国籍の受験生は個別面接を実施。 (推薦)志望理由，得意不得意科目，入学後の抱負，将来の志望，中学の思い出，読書，出欠状況，長所短所，関心のあるニュース，学校見学・説明会への出席，一日の学習時間 ◇はっきり，ゆっくりと大きい声で話せばだいじょうぶ。 (主眼点) B，C，F
	渋谷教育学園幕張高等学校（共）	前期	不明	不明		※帰国生入試(日本語・英語)と特別活動入試(本人のみ)のみ実施。 ※詳細は不明
	千葉経済大学附属高等学校（共）	前期 後期	○グループ面接 ┌先生2人 └生徒6人	12分	☆ ☆ ☆	(共通)志望理由，通学経路と時間，入学後の抱負，将来の志望，クラブ活動・生徒会活動，趣味・特技，中学の思い出，長所短所 ◆服装，髪型，話し方(受け答え・内容)，入退室のようすを含めて総合的に見ている。 ◇面接の会場によって質問の数や内容がちがう。 (主眼点) A〜H (特にA〜D，F)
	千葉明徳高等学校（共）	前期（一般）	○個人面接 先生2人	不明		志望理由，得意不得意科目，入学後の抱負，将来の志望，筆記試験の感想，中学の思い出，出欠状況 (主眼点) A〜H
	明聖高等学校（共）	前期 後期	○個人面接 先生2人	10分	☆ ☆ ☆	(共通)志望理由，得意不得意科目，入学後の抱負，将来の志望，筆記試験の感想，趣味・特技，読書，出欠状況，長所短所，休日のすごし方，一日の学習時間，(後期)併願校 (主眼点) A〜H
八 千 代 市	秀明大学学校教師学部附属秀明八千代高等学校（共）	前期 後期	○記述式	不明	☆ ☆ ☆	※詳細は不明
	千葉英和高等学校（共）	第一併願	○個人面接 先生1人	2分	☆	(共通)志望理由，通学経路と時間，入学後の抱負，将来の志望，筆記試験の感想，中学の思い出 ◇細かいところまで突っこまれるので，きちんと答えられるようにしておこう。 ◇友だちなどと練習をするのもよいと思う。 (主眼点) A〜H
市 川 市	不二女子高等学校（女）	推薦	○個人面接 先生1人	10分	☆ ☆ ☆	志望理由，通学経路と時間，得意不得意科目，入学後の抱負，将来の志望，クラブ活動・生徒会活動，趣味・特技，中学の思い出，友人，読書，出欠状況，長所短所，家庭での役割・手伝い，学校見学・説明会への出席，学校の印象，どこでこの学校を知ったか (主眼点) A〜H

※上記重視度の欄は，星3つは極めて重視，星2つは重視，星1つは参考程度を表しています。また，(主眼点)はA→服装，B→態度，C→ことばづかい，D→人柄，E→返答内容，F→意欲，G→教育方針の理解，H→全般的な印象で表してあります。
◆→面接をされた先生の感想，◇→面接をうけた生徒・保護者の感想

地域	学校名	試験	面接方法	時間	重視度	面接内容
市川市	和洋国府台女子高等学校（女）	特進	○個人面接 先生2人	10分	☆☆	**(共通)**志望理由，通学経路と時間，得意不得意科目，入学後の抱負，将来の志望，筆記試験の感想，クラブ活動・生徒会活動，趣味・特技，中学の思い出，読書，通学塾，長所短所，関心のあるニュース，家庭での役割・手伝い，学校の印象，どこでこの学校を知ったか，一日の学習時間 **主眼点** A〜F，H
		進学和洋	○グループ面接 { 先生2人 生徒5人	10分	☆☆	
	千葉商科大学付属高等学校（共）	一般	○個人面接 先生1人	5分	☆☆	志望理由，通学経路と時間，入学後の抱負，将来の志望，併願校，友人 **主眼点** A〜H（特にB，E，F，H）
	日出学園高等学校（共）	一般	○グループ面接 { 先生2人 生徒5人	10分	☆	志望理由，入学後の抱負，将来の志望，筆記試験の感想，中学の思い出 ◆一般入試のみのためか，併願推薦で他校を受験していても，本校への入学を希望する受験生が多い。 ◆中学校でよく練習をしてきた生徒が多いようで，ほほえましさを感じる半面，型通りでなく，自分の言葉で話してほしいと思うこともある。 **主眼点** A〜H
船橋市	東京学館船橋高等学校（共）	一般	○グループ面接 { 先生2人 生徒5人	10分	☆	志望理由，得意不得意科目，入学後の抱負，筆記試験の感想，中学の思い出 ◆全体的に受験生の声が小さい。もっと自信を持って，大きな声でハッキリと質問事項に答えてほしい。 **主眼点** A〜H
	中山学園高等学校（共）	推薦	○個人面接 先生2人	15分	☆☆☆	**(共通)**志望理由，通学経路と時間，得意不得意科目，入学後の抱負，将来の志望，筆記試験の感想，併願校，趣味・特技，友人 **主眼点** A〜H（特にA，D〜F）
		一般	○グループ面接 { 先生2人 生徒2人	15分	☆☆☆	
松戸市	光英VERITAS高等学校（共）	特待一般	○個人面接 先生2人	8分	☆☆	※特待は学校推薦以外で実施。 **(共通)**志望理由，通学経路と時間，得意不得意科目，入学後の抱負，将来の志望，クラブ活動・生徒会活動，趣味・特技，中学の思い出，長所短所，学校の印象 ◆大半がきちんとした態度で面接に臨んでいた。 ◇アンケートには正直に答えたほうがよい。面接の時にそれを見ながら質問されるからです。 **主眼点** D，F
	専修大学松戸高等学校（共）	推薦（S類）	○個人面接 先生1人	5分	☆☆	**(共通)**関心のあるニュース，**(推薦)**志望理由，得意不得意科目，入学後の抱負，将来の志望，クラブ活動・生徒会活動，趣味・特技，中学の思い出，長所短所，**(第一志望)**自己PR，意見をもとめる質問 ◆受験生全員が意欲的にはきはきと受け答えをしていた。 ◇深呼吸をするといいよ。 **主眼点** A〜H（特にE，F）
		第一志望（A類）	○グループ面接 { 先生2人 生徒5人	20〜30分	☆☆	

※上記重視度の欄は，星3つは極めて重視，星2つは重視，星1つは参考程度を表しています。また，**主眼点**はA→服装，B→態度，C→ことばづかい，D→人柄，E→返答内容，F→意欲，G→教育方針の理解，H→全般的な印象で表してあります。
◆→面接をされた先生の感想，◇→面接をうけた生徒・保護者の感想

地域	学 校 名	試験	面 接 方 法	時間	重視度	面 接 内 容
我孫子市	我孫子二階堂高等学校（共）	前期	○グループ面接 {先生2人 生徒6人	15分	☆ ☆ ☆	(共通)志望理由，入学後の抱負，将来の志望，クラブ活動・生徒会活動，趣味・特技，中学の思い出，長所短所，関心のあるニュース，休日のすごし方，学校見学・説明会への出席，学校の印象 ◆面接練習を中学校でしっかりやっている印象。 ◇自信をもって臨めば，きっと成功する。 (主眼点) A〜H（特にF）
		後期	○グループ面接 {先生2人 生徒5人	15分	☆ ☆ ☆	
	中央学院高等学校（共）	前期 (S特進) 前期 (A・C)	○個人面接 先生2人	7分	☆ ☆ ☆	(共通)志望理由，通学経路と時間，得意不得意科目，入学後の抱負，将来の志望，クラブ活動・生徒会活動，趣味・特技，中学の思い出，読書，出欠状況，長所短所，関心のあるニュース，自己PR，学校見学・説明会への出席，学校の印象 ◆全体的に質問に答えられており，各中学校での面接指導が行われていると感じた。 (主眼点) A〜H（特にA〜F）
柏市	芝浦工業大学柏高等学校（共）	第一志望	○グループ面接 {先生2人 生徒5人	15分	☆	志望理由，入学後の抱負，中学の思い出，長所短所 (主眼点) A〜H（特にA〜F，H）
	二松学舎大学附属柏高等学校（共）	前期 (一般) 後期	○個人面接 先生2人	10分	☆ ☆ ☆	(共通)志望理由 ◆面接の練習をしてくるのはよいが，パターン化した返答しかできないのは困ったものだ。自分自身を素直に表現できる生徒には感心させられるし，よい印象を受ける。 (主眼点) A〜H
	日本体育大学柏高等学校（共）	Ⅱ期	○個人面接 先生2人	5分	☆ ☆	※詳細は不明
東金市	千葉学芸高等学校（共）	前期 後期	○個人面接 先生2人	3分	☆ ☆ ☆	(共通)志望理由，通学経路と時間，得意不得意科目，入学後の抱負，将来の志望，筆記試験の感想，併願校，クラブ活動・生徒会活動，趣味・特技，中学の思い出，友人，出欠状況，長所短所，自己PR，学校見学・説明会への出席，どこでこの学校を知ったか ◆短い時間の中で受験生の特徴をつかむことは難しいが，本校では筆記試験も面接の場と同じであると考え，試験中や休み時間中でも生徒の個性や特性を見抜こうとする姿勢で臨んでいる。 (主眼点) A〜H（特にA〜F，H）
匝瑳市	敬愛大学八日市場高等学校（共）	前期 後期	○個人面接 先生2人	10分	☆ ☆ ☆	※一般入試は単願志願者のみ面接実施。 (共通)志望理由，入学後の抱負，将来の志望，筆記試験の感想，趣味・特技，中学の思い出，読書，出欠状況，長所短所，休日のすごし方，学校見学・説明会への出席 ◆中学校で練習を繰り返している様子が伺える。 (主眼点) A〜H（特にA，D，F）
木更津市	木更津総合高等学校（共）	前期 ③	○グループ面接 {先生2人 生徒3〜4人	10分		志望理由，入学後の抱負，将来の志望，クラブ活動・生徒会活動，中学の思い出，友人，学校見学・説明会への出席 (主眼点) A〜H（特にA，B）

※上記重視度の欄は，星3つは極めて重視，星2つは重視，星1つは参考程度を表しています。また，(主眼点)はA→服装，B→態度，C→ことばづかい，D→人柄，E→返答内容，F→意欲，G→教育方針の理解，H→全般的な印象で表してあります。
◆→面接をされた先生の感想，◇→面接をうけた生徒・保護者の感想

地域	学校名	試験	面接方法	時間	重視度	面接内容
木更津市	暁星国際高等学校（共）	前期	○個人面接　先生2人	5〜10分	☆☆☆	(共通)志望理由，入学後の抱負，将来の志望，中学の思い出，長所短所，関心のあるニュース ◆しっかり回答できる受験生がほとんどだった。 (主眼点)B〜F（特にB，C，F）
	拓殖大学紅陵高等学校（共）	前期Ⅲ回	○グループ面接　{先生2人　生徒7人	15分	☆☆	志望理由，得意不得意科目，入学後の抱負，将来の志望，筆記試験の感想，クラブ活動・生徒活動，中学の思い出，友人，読書，出欠状況，長所短所，関心のあるニュース，学校見学・説明会への出席，学校の印象，どこでこの学校を知ったか (主眼点)A〜F，H
	木更津工業高等専門学校（共・国立）	推薦	○個人面接　先生3人	8分		(共通)志望理由，得意不得意科目，入学後の抱負，将来の志望 (主眼点)F，G（特にG）
館山市	千葉県安房西高等学校（共）		○個人面接　先生2人	5〜10分	☆☆	(共通)志望理由，入学後の抱負，将来の志望，クラブ活動・生徒会活動，(単願)通学経路と時間 ◆しっかりと自信をもって受け答えできる受験生が少なくなった。 ◆意欲の感じられる受験生は好印象。 (主眼点)A，B，F（特にF）
			○個人面接　先生1人	5分	☆☆	
市原市	東海大学付属市原望洋高等学校（共）	推薦一般	○グループ面接　{先生2人　生徒5人	10分		志望理由，入学後の抱負，将来の志望，中学の思い出 ◆態度，言葉遣いに注意し，本校の建学の精神をよく理解して臨んでいたようである。 (主眼点)A，B，F
浦安市	東海大学付属浦安高等学校（共）	前期後期	○グループ面接　{先生2人　生徒5人	10分	☆☆	(共通)志望理由，入学後の抱負，筆記試験の感想，中学の思い出，読書，長所短所，どこでこの学校を知ったか ◆建学の精神は，言葉を暗記するのではなく，中身をよく理解しておくこと。 (主眼点)A〜C，G
	東京学館浦安高等学校（共）	1期2期（総合進学）	○個人面接　先生1人	5〜10分	☆☆☆	※1・2期で推薦基準を満たす総合進学コース第一志望者のみ個人面接型入試を実施。他は面接なし。 (共通)志望理由，入学後の抱負，中学の思い出 ◆入学後，本校での学校生活に適応できるかを見る。 (主眼点)A〜H
君津市	翔凜高等学校（共）	前期	○個人面接　先生1人	不明	☆☆	志望理由，得意不得意科目，入学後の抱負，将来の志望，筆記試験の感想，併願校，クラブ活動・生徒活動，趣味・特技，中学の思い出，友人，読書，出欠状況，長所短所，関心のあるニュース，休日のすごし方，家庭での役割・手伝い，学校の印象，インターネット・SNS，一日の学習時間 ◆単語のみで答える，目線や手が動く，といった生徒が増えたように思う。 (主眼点)A〜H（特にA，B，D，F，H）

※上記重視度の欄は，星3つは極めて重視，星2つは重視，星1つは参考程度を表しています。また，(主眼点)はA→服装，B→態度，C→ことばづかい，D→人柄，E→返答内容，F→意欲，G→教育方針の理解，H→全般的な印象で表してあります。
◆→面接をされた先生の感想，◇→面接をうけた生徒・保護者の感想

地域	学校名	試験	面接方法	時間	重視度	面接内容
野田市	あずさ第一高等学校（共）	前期	○個人面接　先生2人	15分	☆☆☆	**(共通)**志望理由，得意不得意科目，入学後の抱負，将来の志望，クラブ活動・生徒会活動，趣味・特技，中学の思い出，長所短所
		後期	○個人面接　先生2人	15分	☆☆	**主眼点** A〜F
茂原市	茂原北陵高等学校（共）	推薦一般	○個人面接　先生1人	3分	☆	**(共通)**志望理由，入学後の抱負，将来の志望，筆記試験の感想，クラブ活動・生徒会活動，中学の思い出 ◇緊張したけどうまくいった。 **主眼点** A〜C，E
鴨川市	鴨川令徳高等学校（共）	前期後期	○個人面接　先生2人	10分	☆☆☆	**(共通)**志望理由，通学経路と時間，得意不得意科目，入学後の抱負，将来の志望，筆記試験の感想，併願校，クラブ活動・生徒会活動，趣味・特技，中学の思い出，友人，読書，出欠状況，通学塾，長所短所，関心のあるニュース，休日のすごし方，家庭での役割・手伝い，学校見学・説明会への出席，学校の印象，どこでこの学校を知ったか，中学の校長・担任の名前，インターネット・SNS，一日の学習時間，一般常識 ◆型にはまった質問には対応できるが，準備していなかった質問には対応できない生徒が多い。 **主眼点** A〜F，H（特にD）
四街道市	愛国学園大学附属四街道高等学校（女）	推薦	○個人面接　先生2人	10分	☆☆	志望理由，入学後の抱負，将来の志望，中学の思い出，出欠状況 ◆非常にまじめな生徒が多い。 **主眼点** A〜H（特にF）
	千葉敬愛高等学校（共）	推薦（単願）特活（単願）	○グループ面接　先生2人　生徒5人	15分		※特活の特別奨学生は保護者同伴面接。 **(共通)**志望理由，通学経路と時間，得意不得意科目，入学後の抱負，将来の志望，筆記試験の感想，併願校，クラブ活動・生徒会活動，趣味・特技，中学の思い出，友人，読書，出欠状況，通学塾，長所短所，家庭の教育方針，しつけ，関心のあるニュース，休日のすごし方，家庭での役割・手伝い，自己PR，学校見学・説明会への出席，学校の印象，どこでこの学校を知ったか，中学の校長・担任の名前，インターネット・SNS，一日の学習時間，一般常識 ◆ほとんどの生徒が緊張しながらも，練習をしたとおりに受けている印象。一方で，型にはまりすぎていて，個性が感じられない。 **主眼点** A〜H（特に一般AはB，D）
		一般A（第一志望）	○個人面接　先生2人	10分		
山武郡	横芝敬愛高等学校（共）	推薦	○個人面接　先生2人	10分	☆☆☆	志望理由，入学後の抱負，将来の志望，クラブ活動・生徒会活動，中学の思い出，長所短所 ◆受験生は多少緊張しているが，よく練習して臨んでいる。 **主眼点** A〜H（特にE，F）
印旛郡	東京学館高等学校（共）	推薦一般	○グループ面接　先生1人　生徒6人	10分	☆	**(共通)**志望理由，通学経路と時間，得意不得意科目，入学後の抱負，将来の志望，筆記試験の感想，併願校，クラブ活動・生徒会活動，趣味・特技，中学の思い出，友人，読書，出欠状況，通学塾，長所短所，家庭の教育方針，しつけ，関心のあるニュース，休日のすごし方，家庭での役割・手伝い，自己PR，学校見学・説明会への出席，学校の印象，どこでこの学校を知ったか，中学の校長・担任の名前，インターネット・SNS，一日の学習時間，一般常識 ◆中学校で指導されていることがよくわかる。 **主眼点** A〜D，F

※上記重視度の欄は，星3つは極めて重視，星2つは重視，星1つは参考程度を表しています。また，**主眼点**はA→服装，B→態度，C→ことばづかい，D→人柄，E→返答内容，F→意欲，G→教育方針の理解，H→全般的な印象で表してあります。
◆→面接をされた先生の感想，◇→面接をうけた生徒・保護者の感想

地域	学 校 名	試験	面 接 方 法	時間	重視度	面 接 内 容
香取郡	わせがく高等学校（共）	前期 （推薦） （一般） 後期 （一般）	○個人面接 先生2人	30分		※推薦は場合により実施。 (共通)志望理由，得意不得意科目，入学後の抱負，長所短所 ◆あいさつがきちんとできない生徒がいる。
	〔茨城県〕					
水戸市	大成女子高等学校（女）	推薦	○個人面接 先生2人		☆ ☆	志望理由，通学経路と時間，入学後の抱負，将来の志望，中学の思い出 (主眼点) A〜H
	茨城高等学校（共）	推薦	○個人面接 先生2人	15分	☆ ☆	志望理由 (主眼点) A〜H
	水戸葵陵高等学校（共）	推薦	○個人面接 先生2人	5分	☆ ☆ ☆	志望理由，通学経路と時間，入学後の抱負，将来の志望，クラブ活動・生徒会活動，中学の思い出，通学塾，長所短所，自己PR，学校見学・説明会への出席 ◆緊張はしているが，みなまじめに質問に対して答えている。事前に十分練習して面接試験に臨んでいる印象を受けた。 (主眼点) A〜F，H
日立市	茨城キリスト教学園高等学校（共）	推薦	○個人面接 先生2人	5分	☆ ☆	志望理由，入学後の抱負，将来の志望，筆記試験の感想，クラブ活動・生徒会活動，趣味・特技，中学の思い出，読書，長所短所，関心のあるニュース ◆どの生徒も意欲的で前向きにがんばろうとしていて，好印象な人がほとんど。 (主眼点) A〜F，H
	明秀学園日立高等学校（共）	推薦	○グループ面接 ｛先生2人 ｛生徒5人	15分	☆ ☆	志望理由，得意不得意科目，入学後の抱負，将来の志望，クラブ活動・生徒会活動，趣味・特技，中学の思い出，友人，長所短所 ◆中学でしっかり指導されており，ここ数年，面接でチェックを受ける生徒はほとんどいない。 (主眼点) A〜H (特にA〜C，F，H)
土浦市	常総学院高等学校（共）	推薦	○グループ面接 ｛先生2人 ｛生徒5人	10分	☆	志望理由，入学後の抱負，将来の志望，長所短所，関心のあるニュース (主眼点) A〜H
	つくば国際大学高等学校（共）	推薦 一般 （単願）	○個人面接 先生2人	10分	☆ ☆ ☆	※詳細非公表 (主眼点) A〜H
	土浦日本大学高等学校（共）	推薦 （単願） 一般 （単願）	○個人面接 先生2人	10分	☆ ☆ ☆	(共通)志望理由，入学後の抱負，将来の志望，自己PR ◆総じてしっかりと練習されていて，良い印象をもっている。 (主眼点) A〜H

※上記重視度の欄は，星3つは極めて重視，星2つは重視，星1つは参考程度を表しています。また，(主眼点)はA→服装，B→態度，C→ことばづかい，D→人柄，E→返答内容，F→意欲，G→教育方針の理解，H→全般的な印象で表してあります。
◆→面接をされた先生の感想，◇→面接をうけた生徒・保護者の感想

地域	学校名	試験	面接方法	時間	重視度	面接内容
石岡市	青丘学院つくば高等学校（共）	推薦一般	○個人面接 先生6人	10分	☆☆☆	志望理由，得意不得意科目，入学後の抱負，将来の志望，筆記試験の感想，中学の思い出，長所短所，家庭の教育方針，どこでこの学校を知ったか
			○保護者面接 先生6人	15分	☆☆☆	（主眼点）B～F，H（特にD，F，H）
牛久市	東洋大学附属牛久高等学校（共）	単願推薦（特進）（グローバル）（進学）	○グループ面接 先生4人 生徒5～6人	15分	☆☆	（共通）志望理由，得意不得意科目，入学後の抱負，将来の志望，趣味・特技，中学の思い出，どんなことに興味・関心があるか，尊敬する人物は誰か，本校の規則を守れるか
		単願推薦（奨学生）（スポーツ）	○個人面接 先生3人	15分	☆☆	（主眼点）A～C，E～H（特にE）
ひたちなか市	茨城工業高等専門学校（共・国立）	推薦	○個人面接 先生2～3人	15～20分	☆☆☆	※詳細非公表
つくば市	つくば秀英高等学校（共）	推薦（単願）	○個人面接 先生2人	10分		※S推薦は英語応対を含む。（共通）志望理由，入学後の抱負，将来の志望
		推薦（S）	○個人面接 先生2人	20分		
	茗溪学園高等学校（共）	推薦一般A	オンライン ○個人面接 先生1人 ※入寮希望者・帰国生はほかに保護者同伴面接あり。	15分	☆☆	志望理由，入学後の抱負，将来の志望，中学の思い出，長所短所，家庭の教育方針，関心のあるニュース，自己PR ◆自分の言葉で語ることのできる受験生が多く，好印象。 （主眼点）B，D～G（特にD，F）
鹿嶋市	鹿島学園高等学校（共）	推薦	○個人面接 先生2人	5分	☆☆	（共通）志望理由，入学後の抱負，将来の志望，筆記試験の感想，クラブ活動・生徒活動，趣味・特技，友人，読書，長所短所，関心のあるニュース，自己PR
		一般（単願）（グローバル）	○個人面接 先生2人	10分	☆☆	（主眼点）A～C，E，F
かすみがうら市	つくば国際大学東風高等学校（共）	推薦	○個人面接 先生2人	15分		志望理由，通学経路と時間，得意不得意科目，入学後の抱負，将来の志望，クラブ活動・生徒会活動，趣味・特技，中学の思い出，読書，長所短所，関心のあるニュース，自己PR，学校見学・説明会への出席，学校の印象 ◆緊張している生徒が多いものの，ほとんどが面接の練習をしているせいか，きちんと対応できている。しかし，中には言葉が思うように出ない受験生もいた。 ◆中学校などで練習をして来ている様子はうかがえるが，机やイスの配置，入口が扉か引き戸かなど，練習の状況と異なる箇所があるととまどう様子が見受けられる。変に動揺することなく面接に臨んでほしいと思う。 （主眼点）A～H（特にA，D，F）

※上記重視度の欄は，星3つは極めて重視，星2つは重視，星1つは参考程度を表しています。また，（主眼点）はA→服装，B→態度，C→ことばづかい，D→人柄，E→返答内容，F→意欲，G→教育方針の理解，H→全般的な印象で表してあります。
◆→面接をされた先生の感想，◇→面接をうけた生徒・保護者の感想

地域	学校名	試験	面接方法	時間	重視度	面接内容
取手市	聖徳大学附属取手聖徳女子茨城高等学校（女）	推薦	○個人面接　先生2人	7〜8分	☆☆	志望理由，得意不得意科目，入学後の抱負，将来の志望，筆記試験の感想，クラブ活動・生徒会活動，趣味・特技，中学の思い出，読書，長所短所，関心のあるニュース，家庭での役割・手伝い ◆中学校で面接練習を行ったかは分かる。少しでも面接練習をしておいた方が良い。質問に対して，しっかり受け答えができていれば好印象になると思う。 (主眼点) A〜H
	江戸川学園取手高等学校（共）	推薦アドミッション	○グループ面接　先生2人　生徒4人	10分	☆☆	※アドミッションと一般の受験区分があり，アドミッションのみ面接実施。 志望理由，入学後の抱負，将来の志望，学校の印象 ◆どの受験生もしっかりしていて優秀だった。 (主眼点) A〜D，F，G
稲敷市	霞ケ浦高等学校（共）	推薦	○グループ面接　先生3人　生徒5人	10分	☆☆☆	志望理由，得意不得意科目，入学後の抱負，将来の志望，クラブ活動・生徒会活動，一日の学習時間 ◆面接練習，挨拶，受け答えがよくできている。まじめな生徒が多い。 (主眼点) A〜H

〔栃木県〕

地域	学校名	試験	面接方法	時間	重視度	面接内容
宇都宮市	文星芸術大学附属高等学校（男）	推薦（単願）第1回3教科（単願）第2回5教科（単願）	○グループ面接　先生2人　生徒5人	10分	☆☆☆	※第1回の3教科・第2回の5教科の単願者のみ対象。 ※詳細非公表
			○個人面接　先生2人	10分	☆☆	
	宇都宮文星女子高等学校（女）	推薦一般（3科目：単願）	○個人面接　先生2人	10分	☆☆	※詳細は不明 ◆高校進学への意欲や将来への進路展望をしっかりともっている受験生が多かった。中学校で面接練習する内容以外について質問することもあるので，自分の考えをしっかりとまとめておいてほしい。 (主眼点) A〜F
	作新学院高等学校（共）	単願	○グループ面接　先生3人　生徒5人	10分		※総合進学部・情報科学部の単願者のみ対象。 志望理由，入学後の抱負，将来の志望，クラブ活動・生徒会活動 (主眼点) A〜H
	星の杜高等学校（共）	推薦	○グループ面接　生徒3〜4人	20分		※詳細は不明
		総合型	○個人面接	20分		
		帰国	○個人面接　先生2人	10分		
小山市	小山工業高等専門学校（共・国立）	推薦	○個人面接　先生3人	15分	☆☆	※詳細非公表

※上記重視度の欄は，星3つは極めて重視，星2つは重視，星1つは参考程度を表しています。また，(主眼点)はA→服装，B→態度，C→ことばづかい，D→人柄，E→返答内容，F→意欲，G→教育方針の理解，H→全般的な印象で表してあります。
◆→面接をされた先生の感想，◇→面接をうけた生徒・保護者の感想

地域	学校名	試験	面接方法	時間	重視度	面接内容
栃木市	國學院大學栃木高等学校（共）	推薦	○個人面接 先生1人	10分	☆☆☆	(共通)志望理由，得意不得意科目，入学後の抱負，将来の志望，クラブ活動・生徒会活動，趣味・特技，中学の思い出，読書，長所短所，関心のあるニュース，学校の印象
		一般（単願）	○個人面接 先生1人	3分	☆☆☆	(主眼点) A～H
足利市	足利大学附属高等学校（共）	第1回 第3回	○個人面接 先生2人	10分		※詳細は不明 ◆事前指導を受けたためか，個性が前面に出てこない。しかし，10分程度でもメッキははげてしまう。
	白鷗大学足利高等学校（共）	単願 推薦	○個人面接 先生1人	10分	☆☆	(共通)志望理由，得意不得意科目，入学後の抱負，将来の志望，筆記試験の感想，趣味・特技，中学の思い出，読書，出欠状況，長所短所，(一般)併願校 ◇思ったよりも緊張しなかった。
		特選（単願）一般	○個人面接 先生1人	10分	☆☆	
		運動部 文化部 特待	○個人面接	10分	☆☆	(主眼点) A～H
〔群馬県〕						
前橋市	前橋育英高等学校（共）	推薦	○個人面接 先生2人	5分	☆☆	(共通)志望理由，通学経路と時間，得意不得意科目，入学後の抱負，将来の志望，筆記試験の感想，併願校，クラブ活動・生徒会活動，趣味・特技，中学の思い出，友人，読書，出欠状況，通学塾，長所短所，関心のあるニュース，休日のすごし方，家庭での役割・手伝い，自己PR，学校見学・説明会への出席，学校の印象，どこでこの学校を知ったか，中学の校長・担任の名前，インターネット・SNS，一日の学習時間，一般常識 ◆受験生の多くが面接練習をしており，それなりの対応ができる。反面，面接の練習をしていないと人物的には問題のない生徒でも際立って見えてしまう。
		一般	○個人面接 先生2人	5分		(主眼点) A～H
高崎市	高崎健康福祉大学高崎高等学校（共）	推薦 一般	○グループ面接 ｛先生2人 ｛生徒5人	10分	☆☆	(共通)通学経路と時間，得意不得意科目，将来の志望，クラブ活動・生徒会活動，趣味・特技，中学の思い出，読書，長所短所，関心のあるニュース，休日のすごし方，自己PR，(推薦)志望理由，入学後の抱負，筆記試験の感想，学校の印象 ◆中学校の面接への対応による受験生間の差がある。 (主眼点) A～H
	高崎商科大学附属高等学校（共）	推薦 一般	○グループ面接 ｛先生1人 ｛生徒2人	8分	☆☆	(共通)志望理由，得意不得意科目，入学後の抱負，将来の志望，クラブ活動・生徒会活動，趣味・特技，中学の思い出，長所短所，関心のあるニュース，休日のすごし方，学校見学・説明会への出席，学校の印象 ◆面接態度など，よく指導されていると感じる。 (主眼点) A～H (特にB，E，F)
	明和県央高等学校（共）	推薦	○個人面接 先生2人	10分	☆	※学奨A日程は面接なし。 (共通)志望理由，入学後の抱負，将来の志望，クラブ活動・生徒会活動，中学の思い出，長所短所
		一般	○グループ面接 ｛先生2人 ｛生徒4人			(主眼点) A～F，H (特にA，B，E)

※上記重視度の欄は，星3つは極めて重視，星2つは重視，星1つは参考程度を表しています。また，(主眼点)はA→服装，B→態度，C→ことばづかい，D→人柄，E→返答内容，F→意欲，G→教育方針の理解，H→全般的な印象で表してあります。
◆→面接をされた先生の感想，◇→面接をうけた生徒・保護者の感想

地域	学校名	試験	面接方法	時間	重視度	面接内容
桐生市	桐生第一高等学校（共）	推薦 一般	○個人面接 先生2人	10分	☆ ☆	(共通)志望理由，得意不得意科目，入学後の抱負，将来の志望，クラブ活動・生徒会活動，中学の思い出，長所短所，関心のあるニュース 主眼点 A〜F，H（特にA〜D，F）
桐生市	樹徳高等学校（共）	推薦	○グループ面接 ｛先生2人 生徒5人	10分	☆ ☆	※詳細非公表
安中市	新島学園高等学校（共）	推薦 奨学生	○個人面接 先生2人	10分	☆ ☆	※詳細非公表
館林市	関東学園大学附属高等学校（共）	推薦	○個人面接 先生2人	10分	☆ ☆	※詳細は不明
館林市		一般	○グループ面接 ｛先生2人 生徒5人	15分	☆ ☆	
太田市	常磐高等学校（共）	推薦 一般 学特（単願）	○グループ面接 ｛先生2人 生徒5人	15分	☆	(共通)志望理由，入学後の抱負，将来の志望，趣味・特技 主眼点 B，D，F
〔静岡県〕						
沼津市	桐陽高等学校（共）	推薦	○グループ面接 ｛先生2人 生徒4人	不明		志望理由，通学経路と時間，得意不得意科目，入学後の抱負，将来の志望，筆記試験の感想，クラブ活動・生徒会活動，趣味・特技，中学の思い出，読書，長所短所，関心のあるニュース，学校見学・説明会への出席，学校の印象，どこでこの学校を知ったか，インターネット・ＳＮＳ，一日の学習時間
沼津市	沼津工業高等専門学校（共）	推薦	○個人面接 先生3人	15分		※詳細は不明
御殿場市	御殿場西高等学校（共）	一般	○グループ面接 ｛先生2人 生徒3人	10分	☆ ☆	志望理由，通学経路と時間，得意不得意科目，入学後の抱負，将来の志望，筆記試験の感想，クラブ活動・生徒会活動，趣味・特技，中学の思い出，読書，出欠状況，長所短所，関心のあるニュース，休日のすごし方，自己ＰＲ，学校の印象，どこでこの学校を知ったか，中学の校長・担任の名前，インターネット・ＳＮＳ，一般常識 主眼点 A〜C，E，F，H（特にF）
三島市	日本大学三島高等学校（共）	一般	○グループ面接 ｛先生2人 生徒6人	8分	☆ ☆	※詳細は不明 主眼点 A〜H
駿東郡	知徳高等学校（共）	一般	○グループ面接 ｛先生2人 生徒6人	20分	☆ ☆ ☆	※奨学生については個別面談を実施 志望理由，入学後の抱負，将来の志望，クラブ活動・生徒会活動，趣味・特技，中学の思い出，友人，読書，長所短所，関心のあるニュース 主眼点 A〜H（特にD，F，H）

※上記重視度の欄は，星3つは極めて重視，星2つは重視，星1つは参考程度を表しています。また，主眼点はA→服装，B→態度，C→ことばづかい，D→人柄，E→返答内容，F→意欲，G→教育方針の理解，H→全般的な印象で表してあります。
◆→面接をされた先生の感想，◇→面接をうけた生徒・保護者の感想

地域	学校名	試験	面接方法	時間	重視度	面接内容
	〔山梨県〕					
上野原市	日本大学明誠高等学校（共）	推薦一般	○個人面接 先生1人	4～5分	☆☆	**(共通)** 志望理由，通学経路と時間，得意不得意科目，入学後の抱負，将来の志望，クラブ活動・生徒会活動，趣味・特技，中学の思い出，友人，出欠状況，長所短所，自己ＰＲ，学校見学・説明会への出席，学校の印象，どこでこの学校を知ったか，一日の学習時間 **主眼点** A～H
	〔愛知県〕					
蒲郡市	海陽中等教育学校（男）	編入	○保護者同伴面接 先生1～2人	15分	☆☆	志望理由，得意不得意科目，入学後の抱負，将来の志望，筆記試験の感想，併願校，趣味・特技，中学の思い出，友人，通学塾，長所短所，自己ＰＲ，学校見学・説明会への出席，学校の印象，どこでこの学校を知ったか **主眼点** D～H（特にD～G）
	〔奈良県〕					
北葛城郡	西大和学園高等学校（共）	英語重視A	○個人面接	不明		※詳細は不明
		英語重視B	○個人面接	不明		
		帰国	○個人面接	不明		
	〔佐賀県〕					
唐津市	早稲田大学系属早稲田佐賀高等学校（共）	2月入試	○グループ面接 先生2人 生徒4～6人	10～15分		※詳細は非公表
		帰国	○個人面接 先生2人	10～15分		
	〔沖縄県〕					
那覇市	沖縄尚学高等学校（共）	一般A	○保護者同伴面接	10分		※詳細は不明

※上記重視度の欄は，星3つは極めて重視，星2つは重視，星1つは参考程度を表しています。また，**主眼点** はA→服装，B→態度，C→ことばづかい，D→人柄，E→返答内容，F→意欲，G→教育方針の理解，H→全般的な印象で表してあります。
◆→面接をされた先生の感想，◇→面接をうけた生徒・保護者の感想

おもな高校の面接会場のようす

＊過去数年にわたり各学校に対して行ったアンケート調査をベースに作成したものです。年度により変わることがありますのでご注意ください。また，推薦，一般，単願，併願などの別によっても面接形式が異なる場合があります。

■青山学院高等部(共) (東京都渋谷区)	■足立学園高校(男) (東京都足立区)	■岩 倉 高 校 (共) (東京都台東区)	■大森学園高校(共) (東京都大田区)
★推薦・個人面接 面接官 ● ● [机] ○ 受験生	★一般，推薦・個人面接 面接官 ● ● [机] ○ 受験生	★一般(オープン)，A推薦・個人面接 面接官 ● ● [机] ○ 受験生 ※一般の併願優遇は面接なし	★推薦・個人面接 面接官 ● ● [机] ○ 受験生

■学習院高等科(男) (東京都豊島区)	■川 村 高 校 (女) (東京都豊島区)	■関東第一高校(共) (東京都江戸川区)	■錦城学園高校(共) (東京都千代田区)
★一般・個人面接 面接官 ● ● [机] ○ 受験生 ※2023年度面接実施せず	★一般，推薦・個人面接 面接官 ● ● [机] ○ 受験生	★一般，推薦・個人面接 面接官 ● [机] ○ 受験生	★一般，推薦・個人面接 面接官 ● [机] ○ 受験生

■実践学園高校(共) (東京都中野区)	■淑徳巣鴨高校(共) (東京都豊島区)	■城西大学附属城西高校 (共)　(東京都豊島区)	■杉並学院高校(共) (東京都杉並区)
★一般・グループ面接 面接官 ● ● ● [机] ○ ○ ○ ○ 受験生 ※推薦は個人面接	★推薦・個人面接 面接官 ● ● [机] ○ 受験生	★一般，推薦・グループ面接 面接官 ● ● [机] ○ ○ ○ ○ ○ 受験生 ※スポーツスカラシップ入試は個人面接	★推薦，一般(併願優遇)・グループ面接 面接官 ● [机] ○ ○ ○ ○ ○ 受験生 ※一般は個人面接

(注意)　○◎は椅子に座って，○◎は立ったまま面接を受けることを表します。

■正 則 高 校（共） （東京都港区）	■正則学園高校（男） （東京都千代田区）	■成立学園高校（共） （東京都北区）	■世田谷学園高校（男） （東京都町田市）
★一般，推薦・個人面接 面接官 ● ［机］ ○ 受験生	★一般，推薦・個人面接 面接官 ● ［机］ ○ 受験生	★一般，推薦・グループ面接 面接官 ● ● ［机］ ○ ○ ○ ○ 受験生	★一般，推薦・個人面接 面接官 ● ● ［机］ ○ 受験生

■大 成 高 校（共） （東京都三鷹市）	■瀧野川女子学園高校（女） （東京都北区）	■中央大学高校（共） （東京都文京区）	■中央大学杉並高校（共） （東京都杉並区）
★一般，推薦・個人面接 面接官 ● ● ［机］ ○ 受験生 ※一般は面接官1名	★一般，推薦・個人面接 面接官 ● ● ［机］ ○ 受験生	★一般・グループ面接 面接官 ● ● ［机］ ○ ○ ○ ○ ○ 受験生 ※推薦は個人面接	★一般公募推薦・個人面接 面接官 ● ● ［机］ ○ 受験生

■帝 京 高 校（共） （東京都板橋区）	■貞静学園高校（共） （東京都文京区）	■東海大学菅生高校（共） （東京都あきる野市）	■東海大学付属高輪台 高校（共）　（東京都港区）
★一般，推薦・グループ面接 面接官 ● ● ［机］ ○ ○ ○ ○ ○ 受験生	★一般，推薦・個人面接 面接官 ● ● ［机］ ○ 受験生	★一般・グループ面接 面接官 ● ● ［机］ ○ ○ ○ ○ 受験生 ※推薦は個人面接	★一般，推薦・グループ面接 面接官 ● ● ［机］ ○ ○ ○ ○ ○ 受験生

■東 京 高 校（共） （東京都大田区）	■日本大学櫻丘高校（共） （東京都世田谷区）	■日本大学第二高校（共） （東京都杉並区）	■日本大学鶴ヶ丘高校 （共）　（東京都杉並区）
★一般，推薦・個人面接 面接官 ● ● ［机］ ○ 受験生	★一般，推薦・グループ面接 面接官 ● ● ［机］ ○ ○ 受験生 ※推薦の受験生は4名	★推薦・個人面接 面接官 ● ● ［机］ ○ 受験生	★一般，推薦・個人面接 面接官 ● ［机］ ○ 受験生

（注意）　○◎は椅子に座って，○ ◎は立ったまま面接を受けることを表します。

■八王子実践高校(共) (東京都八王子市)	■広尾学園小石川高校(共) (東京都文京区)	■文華女子高校(女) (東京都西東京市)	■明治学院東村山高校(共) (東京都東村山市)
★推薦・個人面接 面接官 ● ● 机 ○ 受験生	★一般,推薦・個人面接 面接官 ● ● 机 ○ 受験生	★一般,推薦・個人面接 面接官 ● ● 机 ○ 受験生 ※2023年度一般(併願優遇) は中止	★一般,推薦・個人面接 面接官 ● ● 机 ○ 受験生
■湘南工科大学附属高校(共) (神奈川県藤沢市)	■鶴見大学附属高校(共) (神奈川県横浜市)	■東海大学付属相模高校(共) (神奈川県相模原市)	■桐光学園高校(共) (神奈川県川崎市)
★推薦・個人面接 面接官 ● ● 机 ○ 受験生	★一般,推薦・個人面接 面接官 ● 机 ○ 受験生 ※一般はオープンのみ面接 実施	★一般,推薦・グループ面接 面接官 ● ● 机 ○ ○ ○ ○ ○ 受験生 ※推薦の面接官は3名	★推薦・個人面接 面接官 ● 机 ○ 受験生
■藤嶺学園藤沢高校(男) (神奈川県藤沢市)	■日本女子大学附属高校(女) (神奈川県川崎市)	■平塚学園高校(共) (神奈川県平塚市)	■横須賀学院高校(共) (神奈川県横須賀市)
★一般,推薦・個人面接 面接官 ● 机 ○ 受験生	★一般,推薦・個人面接 面接官 ● ● ● 机 机 机 ○ 受験生	★推薦・個人面接 面接官 ● ● 机 ○ 受験生	★推薦・個人面接 面接官 ● ● 机 ○ 受験生
■横浜創学館高校(共) (神奈川県横浜市)	■我孫子二階堂高校(共) (千葉県我孫子市)	■光英VERITAS高校(共) (千葉県松戸市)	■拓殖大学紅陵高校(共) (千葉県木更津市)
★推薦・個人面接 面接官 ● 机 机 ● ○ 受験生	★前期,後期・グループ面接 面接官 ● ● 机 ○ ○ ○ ○ ○ (○) 受験生 ※受験生は5〜6名	★一般・個人面接 面接官 ● ● 机 ○ 受験生	★一般・グループ面接 面接官 ● ● 机 ○ ○ ○ 受験生

(注意) ○◎は椅子に座って,○◎は立ったまま面接を受けることを表します。

■千葉経済大学附属高校（共）　（千葉県千葉市）	■千葉聖心高校（女）　（千葉県千葉市）	■日出学園高校（共）　（千葉県市川市）	■和洋国府台女子高校（女）　（千葉県市川市）
★前期，後期・グループ面接　面接官　●　●　机　○ ○ ○ ○ ○ ○　受験生	★推薦・個人面接　面接官　●　●　机　○　受験生　※推薦（併願）はグループ面接	★一般・グループ面接　面接官　●　●　机　机　○ ○ ○ ○ ○　受験生	★推薦，一般（特進コース）・個人面接　面接官　●　●　机　○　受験生　※進学コース，和洋コースはグループ面接

■浦和学院高校（共）　（埼玉県さいたま市）	■開智未来高校（共）　（埼玉県加須市）	■秀明英光高校（共）　（埼玉県上尾市）	■本庄東高校（共）　（埼玉県本庄市）
★推薦・グループ面接　面接官　●　机　○ ○ ○　受験生　※グローバルコースは個人面接　※2023年度面接実施せず	★単願・個人面接　面接官　●　机　○　受験生	★単願・個人面接　面接官　●　●　机　○　受験生	★自己推薦（単願）・個人面接　面接官　●　机　○　受験生

■武蔵越生高校（共）　（埼玉県入間郡）	■立教新座高校（男）　（埼玉県新座市）	■茨城高校（共）　（茨城県水戸市）	■常総学院高校（共）　（茨城県土浦市）
★推薦・個人面接　面接官　●　●　机　○　受験生	★推薦（2次）・個人面接　面接官　●　●　●　●　●　●　机 机 机 机 机 机　机 机　○　受験生	★推薦・個人面接　面接官　●　●　机　○　受験生	★推薦・グループ面接　面接官　●　●　○ ○ ○ ○ ○　受験生　教壇

■宇都宮文星女子高校（女）　（栃木県宇都宮市）	■國學院大學栃木高校（共）　（栃木県栃木市）	■白鷗大学足利高校（共）　（栃木県足利市）	■高崎商科大学附属高校（共）　（群馬県高崎市）
★推薦，一般（単願）・個人面接　面接官　●　●　机　○　受験生	★推薦・個人面接　面接官　●　机　○　受験生	★推薦，一般・個人面接　面接官　●　机　○　受験生	★一般，推薦・グループ面接　面接官　●　●　机　○　○　受験生

（注意）　○◎は椅子に座って，○◎は立ったまま面接を受けることを表します。

面接で重視する点

1位 **意欲** (248校)
- 学習意欲や向上心がある
- 自主性や積極性がある

2位 **態度・礼儀作法** (235校)
- きちんとしたあいさつや返事ができる
- 落ち着いて丁寧な対応ができる

3位 **返答内容** (234校)
- 質問に対して適切な答え方ができている
- 話が筋道だっていて一貫性がある

4位 **服装・髪型** (222校)
- 中学生らしい清潔な服装をしている
- 髪を染めたり，化粧をしたりしていない

5位 **ことばづかい** (220校)
- 乱暴な話し方をしていない
- 敬語を正しく使い，はきはきと話している

6位 **人柄・性格** (210校)
- 入学後に協調性をもって行動できる
- 素直な性格で嘘をつかない

7位 **全般的な印象** (209校)
- 1位～6位までを含めた印象

8位 **教育方針の理解** (198校)
- 校則や方針を守ることができる
- 学校の校風になじむことができる

面接を極めて重視する学校例（東京）

●東京都

正則学園高等学校	関東国際高等学校
麹町学園女子高等学校	東亜学園高等学校
東京家政学院高等学校	堀越高等学校
錦城学園高等学校	国学院大学久我山高等学校
東洋高等学校	中央大学杉並高等学校
二松学舎大学附属高等学校	日本大学鶴ケ丘高等学校
東海大学付属高輪台高等学校	立教池袋高等学校
明治学院高等学校	昭和鉄道高等学校
東京工業大学附属科学技術高等学校	聖学院高等学校
保善高等学校	安部学院高等学校
成女高等学校	帝京大学系属帝京高等学校
京華女子高等学校	早稲田大学高等学院
文京学院大学女子高等学校	修徳高等学校
昭和第一高等学校	愛国高等学校
東邦音楽大学附属東邦高等学校	聖パウロ学園高等学校
立志舎高等学校	立川女子高等学校
品川エトワール女子高等学校	昭和第一学園高等学校
目黒日本大学高等学校	聖徳学園高等学校
大森学園高等学校	成蹊高等学校
東京高等学校	大成高等学校
日本体育大学荏原高等学校	フェリシア高等学校
立正大学付属立正高等学校	サレジオ工業高等専門学校
日本学園高等学校	白梅学園高等学校
佼成学園女子高等学校	錦城高等学校
日本女子体育大学附属二階堂高等学校	早稲田大学系属早稲田実業学校高等部
松蔭大学附属松蔭高等学校	自由学園高等科
大東学園高等学校	東海大学菅生高等学校
日本大学櫻丘高等学校	
富士見丘高等学校	

面接を極めて重視する学校例（東京以外）

●神奈川

英理女子学院高等学校

星槎高等学校

桐蔭学園高等学校

横浜学園高等学校

横浜商科大学高等学校

横浜創学館高等学校

湘南学院高等学校

鵠沼高等学校

東海大学付属相模高等学校

アレセイア湘南高等学校

柏木学園高等学校

函嶺白百合学園高等学校

●埼玉

山村国際高等学校

筑波大学附属坂戸高等学校

慶應義塾志木高等学校

立教新座高等学校

昌平高等学校

●茨城

水戸葵陵高等学校

つくば国際大学高等学校

土浦日本大学高等学校

青丘学院つくば高等学校

茨城工業高等専門学校

霞ケ浦高等学校

●千葉

千葉聖心高等学校

桜林高等学校

千葉経済大学附属高等学校

明聖高等学校

秀明大学学校教師学部附属秀明八千代高等学校

不二女子高等学校

中山学園高等学校

我孫子二階堂高等学校

中央学院高等学校

二松学舎大学附属柏高等学校

千葉学芸高等学校

敬愛大学八日市場高等学校

暁星国際高等学校

東京学館浦安高等学校

あずさ第一高等学校

鴨川令徳高等学校

横芝敬愛高等学校

●栃木

文星芸術大学附属高等学校

國學院大學栃木高等学校

●静岡

知徳高等学校